CYFRES Y CEWRI 9

Cae Marged

Lyn Ebenezer

Gwasg Gwynedd

Argraffiad Cyntaf — Tachwedd 1991

ISBN 0 86074 076 5

Argraffwyd gan Wasg Gwynedd, Caernarfon.

Perhaps it's the color of the sun cut flat
An' cov'rin' the crossroads I'm standing at,
Or maybe it's the weather or something like that,
But Mama, you been on my mind . . .

Bob Dylan,
('Mama, You Been on My Mind.')

. . . his flesh was flesh his blood was blood:
no hungry man but wished him food;
no cripple wouldn't creep one mile
uphill to only see him smile . . .

(e. e. cummings, 'my father'.)

Rhagair

Cyd-ddigwyddiad fu'n gyfrifol am esgoriad y gyfrol hon. Dathlu fy mhen-blwydd yn hanner-cant oed oeddwn i yng Nghlwb Ifor Bach pan gefais y presant gorau posib — Meic Stevens yn perfformio cân yn arbennig i mi, a honno'n un o'm hoff ganeuon: 'Wyt ti'n meddwl bod e wedi darfod'. Dyma deimlo mai dechrau, ac nid diwedd cyfnod oedd y garreg filltir hon yn fy mywyd.

Y bore wedyn dyma eiriau Gwenallt yn gwthio'u ffordd i'm meddwl, sef agoriad ei gerdd fawr 'Y Meirwon', lle mae'n dweud y bydd dyn wedi troi ei hanner-cant yn gweld yn lled glir y bobl a'r cynefin a foldiodd ei fywyd e.

Ar ben hyn oll, mewn cyfarfod o Dalwrn y Beirdd dyma Gerallt Lloyd Owen yn fy annog i fynd ati i groniclo tipyn o'm hatgofion.

Dyma'r canlyniad. Os oes yma unrhyw fai neu gamgymeriad, fi sy'n gyfrifol.

Carwn ddiolch i bawb wnaeth fy nghynorthwyo, boed hynny'n fwriadol neu'n ddamweiniol. Diolch i Wasg Gwynedd, i'r gwahanol ffotograffwyr ac i'm ffrindiau gannoedd, rhai yn cael sylw yn y gyfrol, a llawer mwy na chyfeiriais atynt.

Pe gellid mesur cyfoeth rhywun ar sail nifer a dilysrwydd ei ffrindiau, fe fuaswn i'n filiwnydd.

ER COF
AM
NHAD A MAM

Clonc-clonc, clonc-clonc, clonc-clonc . . . Cwyd-y-pwdryn, cwyd-y-pwdryn, cwyd-y-pwdryn. Mae Annie'n ysgwyd braich y pwmp. Mae'n bryd i finne godi. Mae pwmp Bryngors yn cyhoeddi 'i bod hi'n amser brecwast.

Na, fe orwedda i am sbelen fach eto. Dim cysgu, serch hynny. Dwi ddim am freuddwydio am y wrach 'na eto. Na, dim ond gorwedd 'nôl nes bod Annie'n dechrau canu.

Beth gawn ni ar gyfer y gwasanaeth boreol heddiw, tybed? 'Dyma gariad fel y moroedd', falle. Neu beth am 'Mi glywaf dyner lais'? Nage wir. 'Y Gŵr wrth Ffynnon Jacob', dyna'r emyn y bore 'ma . . . 'Ma-ae sych-ed ar-no et-o . . . am a-chub llaw-er mwy-y-y . . .' A'r dŵr yn llenwi'r bwced 'namel gwyn.

Sut liw cap sy' am ei phen hi heddiw, tybed? Yr un coch? Neu'r un gwyrdd? Dim ond codi i'r ffenest sy' raid, ac fe ga' i weld. Ac mae hi'n amser codi. Ond dwi ddim am godi.

Fe orwedda i nes clywed Tom yn gweiddi 'How! How!' wrth iddo ymlwybro rownd talcen y beudy, ei wialen gollen yn cosi crwmp y fuwch wen tra'n ei chymell, â'i chader yn wag, i segurdod diog y Cae Ffynnon. Mae'r clips haearn sydd ar flaenau sgidiau Tom siŵr o fod yn disgleirio yn yr haul y bore 'ma. Ond wna i ddim codi i edrych. Ddim eto.

Fe fydd Marged ei hun allan erbyn hyn, yn dirwyn ei ffordd o'r drws fel pellen fechan gron, brysur tua'r ardd fach. Yno, â'i sbectol ar bont ei thrwyn, fe fydd hi'n procio blaen ei ffon rhwng bonion y lilis gwynion wrth chwilota am unrhyw falwen neu chwynnyn fu'n ddigon haerllug i ddangos eu pen. Fe ddylai'r lilis fod yn eu blodau erbyn hyn, yn rhes ar res o ffrwydradau llachar ar draws cochni'r sied binc.

Wel, codi ddylwn i, mae'n debyg. Ond wna i ddim. Petawn i'n codi, welwn i ddim mo Annie na'r pwmp. Fyddai Tom na'r fuwch wen ddim yno 'chwaith, a chawn i ddim gweld Marged na'i lilis gwynion.

Yr hyn a welwn i 'tawn i'n codi i'r ffenest fyddai rheng ar reng o garafanau ar Gae Marged. A dydw i ddim am weld hynny.

Ond os gwna i orwedd 'nôl a chau fy llygaid yn dynn, dynn a gwasgu 'nwylo dros fy nghlustiau fe wna i 'u gweld nhw, fe wna i 'u clywed nhw unwaith eto . . . Tom, Annie a Marged . . . A finne . . . Byddaf, fe fydda inne yno hefyd . . . yn blentyn unwaith eto.

Pennod 1

Fe'm ganwyd i yn nyddiau cynnar yr Ail Ryfel Byd — ar ddiwrnod pen-blwydd Joseph Stalin, darpar arweinydd y Fyddin Goch yn drigain oed, a phedwar diwrnod cyn pen-blwydd Iesu Grist, Tywysog Tangnefedd, yn fil naw cant a thri deg naw oed.

Roedd hi'n ganfed a naw diwrnod o'r rhyfel, a thra oedd pobl ledled y byd yn darllen neu'n clywed am hunanladdiad Hans Langsdorff, capten y Graf Spee, dridiau wedi iddo suddo'i long yn fwriadol yn harbwr

Montevideo, roedd 'na fam yn rhoi genedigaeth i fab mewn tŷ o'r enw Heulfryn ym Mhontrhydfendigaid yn yr hen Sir Aberteifi.

Gyda chysgod y rhyfel mor drwm ar aelwydydd y fro, dydi hi'n fawr o syndod fod fy atgofion cynharaf yn troi o gwmpas y gyflafan fawr honno. Ac mae'r diddordeb yn hanes y byd rhwng 1939 ac 1945 wedi para. Hwyrach fod y ffaith 'mod i'n pasio'r gofeb ryfel ar fy ffordd yn ôl a blaen i'r ysgol bob dydd yn rhannol gyfrifol am y diddordeb hwnnw, cofeb sy'n dwyn enw ewyrth i mi, brawd i Mam, a laddwyd yn Béthune, Ffrainc, yn y Rhyfel Mawr.

Wncwl Dai oedd hwnnw, ac fe fedra i weld yn glir yn fy meddwl y darlun mawr ohono mewn ffrâm ddu a hongiai yn y parlwr. Ac yn nhŷ Mam-gu Ffair Rhos eisteddais droeon ar y soffa oedd â'r geiriau 'Ich Dien' ac arfbais Tywysog Cymru wedi'u cerfio i bren ei chefn. Ar wahân i luniau ac ambell lythyr, a llond cof o hiraeth, dyna'r cyfan oedd gan Mam-gu i goffáu mab addfwyn a fu'n athro Ysgol Sul yng Nghaersalem, 'sgoldy'r Bedyddwyr.

Yn ôl yr hanes, fe ddanfonwyd Wncwl Dai i'r ffrynt am iddo fod ddiwrnod yn hwyr yn cyrraedd 'nôl i'r barics ar ôl bod allan gyda'i gariad y noson cynt. Bu farw'n bell, bell o Ffair Rhos. A gwerth ei fywyd oedd un soffa bren.

Pan fyddwn i, ar dro, yn dringo'r filltir serth i Ffair Rhos, i gartref Mam-gu yn Nhŷ Cefn, siawns na welwn i Defi John Glangors yn trasho'r cloddiau neu'n clirio'r cwteri wrth ochr y ffordd. Ni châi unrhyw un fynd heibio heb gael clonc fach â Defi John. Ac i ni blant, yn arbennig, roedd e'n dipyn o arwr. Onid oedd e wedi ennill medalau am ei ddewrder yn y Rhyfel Mawr, yr union ryfel a laddodd Wncwl Dai?

Mynych fyddai'r dadlau yn ein plith ni ar iard yr ysgol. 'Fe enillodd Defi John fedals am ladd Jyrmans . . .' 'Naddo ddim, 'te. Eu hennill nhw am achub bywyd 'i fêts wnâth e . . .'

Ond doedd dim unrhyw bwrpas gofyn i'r arwr ei hun dorri'r ddadl. 'Defi John, be' neithoch chi yn y rhyfel i ennill medale?' Troi'r stori wnâi Defi John bob tro. 'Duw caton pawb, pam ma' bois bach ifenc fel chi ishe gwbod am hen bethe felna? Dewch nawr . . . be' ddysgoch chi yn 'rysgol heddi?'

Ef oedd y chwerthinwr iachaf a glywais i erioed. Pan fyddai Defi John yn chwerthin, byddai'r byd yn chwerthin. Ac fe fyddai'r chwerthin hwnnw nid yn unig yn llenwi'r awyr ond hefyd yn llenwi'i lygaid. Yr unig dro pan na fyddai chwerthin yn llenwi llygaid Defi John oedd pan ofynnem iddo am y rhyfel.

Gan Jim, un o'i feibion, y cefais i'r hanes, a hynny yn gymharol ddiweddar. Aelod o'r *Grenadiers* oedd Defi John, ac fe enillodd ddwy fedal — y *D.C.M.*, a'r *Russian Order of St. George*, anrhydedd prin iawn. Ond am gyfnod sylweddol ni wyddai hyd yn oed ei deulu am ei wrhydri. Ni ddaeth y ffaith i'r golwg nes i seremoni gael ei threfnu yng nghartref Capten Williams, rheolwr gweithfeydd mwyn plwm Esgair-mwyn yn Ffair Rhos i'w gyflwyno â'r *D.C.M.* Dim ond yno y clywodd ei deulu a'i ffrindiau sut y gadawodd ddiogelwch cymharol y ffos, lle swatiai ef a'i gyd-filwyr, a brwydro'i ffordd i ffos a ddelid gan yr Almaenwyr. Yno roedd tanc nwy gwenwynig wedi'i agor. Ond llwyddodd i gau'r tap cyn brwydro'i ffordd yn ôl i'w ffos ei hun ar ôl achub bywyd ei gyd-filwyr.

Gellir cael syniad o anfodlonrwydd Defi John i siarad am y digwyddiad o ddarllen adroddiad am y cyfarfod anrhydeddu yn y *Cambrian News* — *'Your correspondent had great difficulty in obtaining an account of his exploits from the modest soldier'*, meddai'r gohebydd di-enw.

Flynyddoedd wedyn fe briodais â wyres Defi John, merch i'w fab, Dic. Ac fe welais y mab hwnnw'n nychu i'w farwolaeth ganol oed o ganlyniad i'w brofiadau yn Arnhem, mewn rhyfel a ddilynodd y rhyfel a oedd i roi terfyn ar bob rhyfel.

Pan ychwanegwyd enwau'r rhai a syrthiodd yn y rhyfel hwnnw at enwau lladdedigion y Rhyfel Mawr ar y gofeb, roeddem ni, blant yr ysgol fach, yn bresennol yn y dadorchuddio. Roeddem ni'n rhy ifanc bryd hynny i ystyried arwyddocâd y seremoni. Yn rhy ifanc i ofyn pam mai baner yr Undeb oedd yn gorchuddio'r enwau cyn i'r ficer dorri'r cortyn. Ond roeddem ni'n ddigon hen i golli deigryn pan ddarllenwyd yr enwau — William Rowlands, Tanllan, a Robert Thomas, Elder Court.

Rai blynyddoedd yn ddiweddarach fe glywais gerdd gan Evan Jenkins, Ffair Rhos, cerdd a ddaeth â'r seremoni ddadorchuddio yn ôl yn fyw iawn:

Ar ganol sgwâr y pentre
Lle gynt roedd gweithdy'r go',
Mae meinir hardd mewn mynor
Yn awr i gadw co'

Am fechgyn glannau Teifi
Sy'n huno hwnt i'r lli;
A chollir llawer deigryn
Wrth edrych arni hi.

Rhyw ddwyfil o flynyddoedd
Cyn codi'r golofn hon,
Mewn dinas oedd yn berchen
Hanner y byd ymron,
Yr oedd rhieni'n wylo
Mewn llawer harddwych gell
Am fechgyn glannau Tiber
Fu farw yng Nghymru bell.

Oedd, roedd y rhyfel yn beth byw iawn ar ein haelwyd ni. Nhad yn pori'n fanwl drwy'r papur newydd — y *Daily Herald*, wrth gwrs — ac yn gwrando'n astud ar bob bwletin newyddion a ddeuai o berfeddion yr hen set radio a oedd yn cratsian fel sŵn ffrio cig moch. A thu ôl i ddrws y gegin hongiai map o Ewrop, map rhyfel a argraffwyd gan ryw bapur newydd neu'i gilydd gyda'r gwahanol wledydd mewn gwahanol liwiau. Pan alwai rhywun heibio, câi Nhad bleser mawr wrth fy nghodi i'w gôl. A minnau, wrth ddilyn ôl ei fys, yn medru enwi pob gwlad yn ddi-feth. Oeddwn, roeddwn i'n ddiawl bach gwybodus hyd yn oed yn dair oed. Ac yn rêl milwr bychan. Pan aeth Dai, un o'm brodyr, i'r Awyrlu, doedd byw na bod na chawn innau lifrai glas, yr un ffunud â rhai Dai.

Ond mae'n rhaid mai'r hyn a wnaeth fwyaf i ddod â'r rhyfel yn realiti i'n cymuned fach ni oedd yr awyren Wellington honno a ddisgynnodd ar y mynydd uwchben Ystrad Fflur. Dim ond tua deunaw mis oed oeddwn i ar y pryd, ond er i mi fod yn rhy ifanc i gofio'r digwyddiad, tyfodd yr hanes yn chwedl yn y fro.

Y dyddiad oedd dydd Gwener, 13 Mehefin 1941. O sylweddoli bod ei awyren mewn trafferthion, ceisiodd y peilot, yn ôl yr hanes, lywio'r Wellington i fyny'r cwm ond methodd â chlirio crib Pen-bwlch. Yn y cyffiniau roedd pedwar o bobl leol yn torri mawn, Ieuan Jones, Pantyfedwen; ei was deunaw oed, Dic Evans; Alf Williams a Tom Roberts.

Pan ddisgynnodd yr awyren i'r gors yn eu hymyl, dyma nhw'n rhuthro tuag ati er mwyn ceisio helpu. Ond rhedodd un o'r criw i'w cyfarfod gyda rhybudd fod bomiau ar ei bwrdd. Lladdwyd dau o'r criw ar unwaith, a bu farw un arall ar ei ffordd i'r ysbyty. Ond achubwyd tri arall.

Roedd Dic Evans, a gâi ei adnabod fel Dic Wellington — nid oherwydd ei gysylltiad â'r awyren ond am ei fod yn byw yn Wellington House yn y pentref — yn ffrindiau â rhai o'm brodyr ac yn ymwelydd gweddol reolaidd â'n tŷ ni, felly fe adroddwyd yr hanes ar ein haelwyd dro ar ôl tro.

Dros bymtheng mlynedd yn ddiweddarach, a minnau yn y chweched dosbarth yn Ysgol Tregaron, cefais swydd dros dro am ddau haf gan y Comisiwn Coedwigaeth, a bûm yn gweithio ar yr union fan lle disgynnodd y Wellington. Roedd darnau mân o'r batris yn dal yma ac acw ar hyd wyneb y gors.

Ond roedd un dirgelwch mawr ynglŷn â'r digwyddiad. Clywais Lewis Edwards, a oedd yn byw ym Moel Prysgau gerllaw Pen-bwlch, yn taeru iddo weld yr awyren yn disgyn flwyddyn union yn gynharach. Ond pan aeth draw yno, doedd dim byd i'w weld. Rhywfodd neu'i gilydd, roedd Lewis Edwards wedi rhagweld y drychineb flwyddyn union cyn iddi ddigwydd.

Ymwelydd rheolaidd â'n tŷ ni fyddai T.E. Nicholas, neu Niclas y Glais. Roedd Nhad a Mam yn dotio arno, er gwaetha'r ffaith mai ef a dynnodd bob un o'u dannedd, a bod Niclas yn dipyn mwy o fardd a phregethwr nag oedd e o ddeintydd. Byddai Nhad wrth ei fodd yn adrodd y stori honno amdano ef a Niclas yn cyfarfod â'i gilydd un diwrnod ger yr Allt Ddu, rhwng Pontrhydfendigaid a Thregaron. Dyma'r ddau'n stopio'u ceir ac yn dod allan i gael clonc. Ar ganol y sgwrs fe ddigwyddodd Niclas ofyn i Nhad sut oedd ei ddannedd. Bu hwnnw'n ddigon ffôl i ddatgelu bod un cilddant yn peri ychydig drafferth. Ar unwaith, dyma Niclas yn estyn ei fag o'r car. Ac yno, a Nhad yn eistedd ym môn y clawdd, fe dynnwyd y dant.

Roedd Niclas yn gymaint arwr ar ein haelwyd fel mai hanesion amdano ef a fynnwn gan pa un bynnag o'm chwiorydd a fyddai'n fy rhoi yn fy ngwely bob nos. Methwn â deall sut y medrai gŵr a oedd yn pregethu yn erbyn rhyfel gael ei daflu i garchar. Ac rwy'n methu deall hyd y dydd heddiw.

Y darn cyntaf i mi ei ddysgu ar fy nghof erioed oedd un o sonedau Niclas. Bron na ddwedwn i mi ddysgu'r soned cyn i mi hyd yn oed ddysgu Gweddi'r Arglwydd. Mae'r copi hwnnw o'r gyfrol *Llygad y Drws* gen i o hyd, llofnod Nhad ar yr wyneb-ddalen ac olion fy mysedd budron i ar dudalen 28, lle mae'r soned 'Llong y Plant'.

Dim hwyl ar waith, ffenestri'n ddall a thywyll;
Ac ofer agor llyfr na phapur chwaith;
Na roddai rhywun imi ddarn o gannwyll,
A golwg ar y stori yr ail waith!
Mae'r si ar led fod llong yn llawn o gogiau
Wedi ei tharo a'i suddo yn y lli;
Methu cael sicrwydd gan yr un o'r hogiau, —
Gobeithio nad yw'r stori'n ddim ond si.
Heuwyd cynhaeaf rhyfel, a bu bendith
Bonedd a gwreng ar arfau gwaed pob gwlad;
O wasgar efrau — ofer disgwyl gwenith;
Medir a heuo dyn mewn gwaed a chad.
Dim hwyl ar neb na choel ar ddim yn awr; —
Gobeithio nad aeth llong y plant i lawr.

Ond i lawr yr aeth hi, fel yr adroddodd Niclas mewn ail soned. Ond doeddwn i ddim am glywed honno ar ôl ei chlywed am y tro cyntaf. Fedrwn i ddim meddwl am y plant wedi'u 'cau yn nyfnder môr o dan y don'. Ond fe fu'r soned, er mai dim ond unwaith y'i clywais, yn pwyso'n drwm arnaf. Ac un noson fe welais i'r plant yn gwbwl glir. Roedd eu hwynebau yn debyg i'm hwyneb i. Ac roedd pâr o adenydd gan bob un. Do, fel Niclas yn ei soned, fe'u gwelais, gyda'u 'hwynebau bach a'u chwerthin, a'u dawnsio o gylch fy ngwely yn y nos'. Breuddwyd oedd hi, meddai Mam. Ond erbyn hyn dydw i ddim yn rhy siŵr.

Roedd Nhad a Niclas yn siario'r un math o wleidyddiaeth, er mai fel Sosialydd, yn hytrach na Chomiwnydd, yr ystyriai Nhad ei hun. Ei arwr mawr oedd Aneurin Bevan, ac ar wal un o'r llofftydd hongiai llun lliw o aelodau Cabinet Clement Attlee. Medrwn eu hadnabod i gyd wrth eu hwynebau, a'm ffefryn i oedd Ellen Wilkinson, a ymddangosai'n fenyw ffeind iawn.

Tybed be' ddywedai Nhad am y Blaid Lafur lastwraidd heddiw? Byddai'n ddiddorol cael gwybod. Mwy diddorol fyth fyddai cael ymateb Niclas i'r digwyddiadau diweddar yn Nwyrain Ewrop. Fe roddwn rywbeth am fod yn bry' ar wal y Nefoedd yn gwrando ar y ddau.

Roeddwn i'n tynnu at fy neg ar hugain cyn i mi alw yng nghartref Niclas — Glasynys — am y tro cyntaf. Wedi hynny, byddwn yn galw yno'n rheolaidd, a gydag Islwyn, y mab, a drigai yn yr un stryd. Yn aml fe ganfyddwn Niclas yn ei ddeintyddfa yng ngwaelod yr ardd. Unwaith, yn nhrymder gaeaf, fedrwn i ddim llai na chwerthin wrth weld ar y silffoedd res ar res o botiau jam yn dal setiau o ddannedd gosod mewn dŵr, a phob set wedi rhewi'n gorn.

Yn fwy aml na heb, gwleidyddiaeth fyddai'n pwnc trafod, gyda Niclas yn edliw i mi fy nghenedlaetholdeb. 'Alla i ddim deall pobol fel ti yn cefnogi plaid sy'n moli hen dywysogion,' meddai. 'Byw ar gefen y werin oedd Glyndŵr a Llywelyn, fel y tacle brenhinol sy' gyda ni nawr.'

Y tro diwethaf i mi ei weld, roedd e yng nghegin Glasynys, y llygaid clir hynny tan orwel pig ei gap, y ddici-bo dragwyddol am ei wddf a'r sigarét fytholbresennol mewn holdyr, a ddaliai rhwng bys a bawd. A'r tu ôl iddo, ar y wal, hongiai llun o Mao Tse Tung. 'Dyma'r dyn bellach,' medde Niclas. 'A China yw'r wlad. Cofiwch chi be' wi'n weud.' Doedd yr un ohonom wedi clywed am Sgwâr Tiananmen bryd hynny.

Dim ond rhyw frith gof sydd gen i am y rhyfel ei hun. Rhyw gymysgedd o ddigwyddiadau, symbolau a synhwyrau. Gweld y blacowt yn cael ei rolio lawr dros ffenest y gegin bob cyfnos cyn cynnau'r lamp Aladdin. Clywed llais gwawdlyd ac arswydus William Joyce, neu Lord Haw Haw, dros y radio. Gwynto cwyr y gannwyll yn y stafell wely ac aroglau ei phabwyr wedi i Mam neu un o'm chwiorydd ei diffodd. A gweld cochni blaen y pabwyr yn pylu'n araf wrth deimlo'r tywyllwch dudew, cynnes yn cau'n gariadus amdanaf.

Brith gof yn unig sydd gen i hefyd am yr ifaciwîs, er bod dwy ferch o Lerpwl, Phylis a Reene, wedi cael lloches yn ein tŷ ni. Yr unig ifaciwî fedra i gofio'n weddol dda, ar wahân i rai a arhosodd yn y Bont wedi'r rhyfel, yw Billy, a letyai gyda Dic a Sue Jones. Mae gen i ddarlun yng nghefn fy meddwl o hyd o Billy a minnau ar lan yr afon wrth ymyl y bont, gydag awyren yr un yn deganau. Roedd gan Billy awyren dún, gydag allwedd fach yn tynhau sbring a fyddai, yn ei thro, yn gwneud i'r propelyr droi. Hen awyren wedi ei naddu gan Nhad allan o ddarn o bren a'i phaentio'n goch oedd gen i. Ond medraf gofio'r pleser wrth i Billy a minnau osod ein hawyrennau yn y dŵr. Fe suddodd un Billy. Ond fe nofiodd fy un i yn falch ar wyneb yr afon.

Mae yna rai atgofion mwy pendant. Fe fedra i gofio, er enghraifft, y teulu i gyd allan ar lawnt y ffrynt un noson yn edrych ar ryw gochni ar y gorwel. Canlyniad y bomio yn rhywle neu'i gilydd, mae'n debyg. Fe fedra i hefyd gofio awyren yn hedfan heibio mor isel fel y medrwn weld y peilot yn codi'i law.

A'r masgiau nwy. Fe fedra i gofio'r rheiny yn dda. Un coch oedd gen i, ar siâp Mickey Mouse, tra oedd bwndel o rai mawr, duon yng ngwaelod y cwpwrdd ar gyfer gweddill y teulu. Pan ddaeth y rhyfel i ben, fe es i ati i dynnu pob masg yn ddarnau er mwyn cael gweld beth oedd yn eu perfeddion.

Yr un oedd gwneuthuriad pob un, wrth gwrs — rwber a phyrsbecs, gyda siarcol mewn tún wrth y ffroenau. Ac erbyn hyn rwy'n rhyw amau ai chwilfrydedd oedd wrth wraidd yr awydd i'w darnio. Roedd yn gas gen i wisgo masg nwy. Clywn sŵn fy anadl yn uchel yn fy nghlustiau ac ofnwn na fedrwn dynnu'r masg i ffwrdd cyn i mi fogi. Rwy'n siŵr mai'r profiad yna sy'n gyfrifol 'mod i'n dioddef o glawstroffobia.

Oedd, roedd awyrgylch y rhyfel yn holl-bresennol. Ond fe fyddai ambell stori neu ddigwyddiad digri yn help i bobl anghofio, dros dro, am y bygythiad parhaol a hofranai dros y ddynoliaeth fel cledd Damocles. Dyna i chi'r adeg pan ddefnyddiodd yr Almaenwyr longau i greu gwarchae, neu *blockade*, morwrol. Esboniad Dafydd Huws, y masiwn, oedd bod 'y Jyrmans wedi blacledo'r môr'.

Y cyff gwawd mwyaf, wrth gwrs, oedd yr Hôm Gârd, gyda'u troeon trwstan yn yr ardal — fel ym mhob ardal, ran hynny — yn tyfu'n chwedlau. Un o'r storïau doniolaf oedd honno am yr hyfforddwr yn ceisio dysgu bechgyn Ffair Rhos sut oedd canfod cyfeiriad heb ddefnyddio cwmpawd. Wedi'r wers, rhaid oedd rhoi prawf ar rywun — yn Saesneg, wrth gwrs. A'r gŵr a ddewiswyd oedd Dai Morgan. '*Now then, David Morgan,*' medde'r hyfforddwr, '*Where does the sun rise?*' '*West, Sir,*' oedd ateb Dai. '*No, David Morgan,*' medde'r hyfforddwr, '*Try again.*' '*South, Sir,*' oedd cynnig Dai'r tro hwn. '*No, David Morgan,*' medde'r hyfforddwr unwaith eto, '*But have one more try.*' Wedi hir bendroni, dyma Dai yn ateb, '*Sorry, I don't know, Sir.*' Chwarae teg i Dai. Sut yn y byd oedd disgwyl i wladwr, a oedd ymron yn uniaith Gymraeg, fedru meddwl, heb sôn am ateb, yn Saesneg? Ac yn sicr, fe wyddai Dai Blaenresger ei ffordd o gwmpas Ffair Rhos yn dipyn gwell na rhyw swyddog o Sais.

Storïau pobl eraill oedd rhai fel honna, wrth gwrs. Ond yr atgof personol cliriaf sydd gen i, o bell ffordd, yw'r milwr hwnnw ar gors Bronceiro. Wedi dianc oeddwn i, mae'n debyg, o'r ardd gefn dros y ffens i'r Cae Shafft, cae nad oeddwn i fod i fynd ar ei gyfyl. Ond mynd wnes i, a rhedeg drwy'r ceirch am y gors, lle'r oedd gwersyll Americanaidd. Ac yno deuthum wyneb yn wyneb â'r milwr.

Chofia i ddim o'i wyneb, mewn gwirionedd, dim ond bod dagrau yn ei lygaid. Ond medraf gofio'n glir y ffownten-pen lliw cragen-crwban a ddaliai yn ei law fel abwyd i'm denu i'w gôl, a'r llun o fachgen bach penfelyn a ddaliai yn y llaw arall. Gwrthod mynd ato wnes i, ac yna dyma un o'm chwiorydd, a oedd wedi dilyn fy llwybr drwy'r ceirch, yn cyrraedd â'i gwynt yn ei dwrn i'm cipio adre.

Fe ddiflannodd yr Americanwyr dros nos heb unrhyw rybudd. Ned Post, wrth alw ar ei rownd, dorrodd y newydd i ni yn gynnar un bore. Roedd ei rownd yn mynd ag ef i fyny Lôn Groes a thrwy'r gors. A'r cwbwl oedd ar ôl, meddai Ned, oedd mwg yn codi o domen sbwriel a adawyd gan y milwyr. Oedd, roedd y cyfan wedi mynd, gan gynnwys y milwr hwnnw a geisiodd, am ryw reswm neu'i gilydd, fy nghael i fynd i'w gôl.

Yn ddiweddarach y deallais i'r stori. Roedd gan y milwr, mae'n debyg, fab penfelyn o'r un oedran â mi. A hiraeth oedd achos y dagrau. Welais i byth mo'r milwr wedyn, ond fe glywais yn gymharol ddiweddar mai disgwyl yr oedd ef a'i gyd-filwyr am alwad i ymuno â chyrch *D-Day*. Ac yn ôl yr hanes, fe'u lladdwyd bron i gyd ar draeth Omaha yn Normandy.

A oedd tad y plentyn penfelyn hwnnw a welais yn y llun ymhlith y lladdedigion, tybed? Fe fyddwn i'n hoffi meddwl nad oedd e, petai ond i wneud iawn am amharodrwydd y plentyn penfelyn arall hwnnw i fynd i'w gôl.

Ond rhyw ddargyfeiriad ar lwybrau plentyndod oedd y rhyfel. Fe basiodd. Ac fe gododd y cysgod. Dydw i ddim yn rhy siŵr am y rhyddid oedd i fod i ddilyn. Ond i fachgen a'i ffrind yng nghefn gwlad Sir Aberteifi. doedd na ffin na ffens i'n dal ni 'nôl, Tom a minnau . . .

'Hei! Wyt ti'n golygu cysgu drwy'r dydd? Dere, mwstra . . . Ma' dy frecwast ti ar y bwrdd.'

'Ond mam, dyw hi ddim yn amser codi 'to. Dyw Annie ddim wedi bod yn pwmpo dŵr 'to.'

'Wel, ma'n bryd iti godi, ta beth. Dere nawr, ne' fydd dy wy di wedi oeri.'

Neidio allan o'r gwely ac i mewn i 'nillad. Diolch byth 'mod i heb ddatod clymau fy sgidiau neithiwr. Arbed amser, dyna'r peth.

Rhuthro i lawr y grisiau ddwy ar y tro. Dim amser i eistedd wrth y bwrdd. Llowcio'r wy yn ei gyfanrwydd, bron, a boddi'r te â llaeth. Dipyn haws i'w yfed yn oer.

'Gan bwyll, grwt. Paid stwffio dy fwyd lawr fel'na. Bola tost gei di.'

'Dim amser, Mam. Ma' Tom yn disgwl amdana i.'

'Wel, fe fydd yn dda 'da fi dy weld ti'n mynd i'r ysgol. Fe fydd llai o'r galifantio ma' wedyn.'

'Ond dy' Sadwrn yw hi, Mam.'

'Ie, wi'n gwbod 'ny. Ond fe fydde'r ysgol yn dy ddofi di. Fe ga' i air â Mr Williams y Sgwlyn.'

'Na, ddim eto, Mam. Plis, ddim eto.'

'Ond mae'n hen bryd iti fynd. Hen grwt mowr fel ti adre dan drâd pawb. Pryd 'ti'n meddwl dechre?'

'Fe â' i, Mam, fe â' i pan . . . pan . . . pan fydd lilis gwynion Marged wedi blodeuo. Fe â' i wedyn, wi'n addo. Ond wi'n mynd nawr, Mam. Ma' Tom yn disgwl. Ta ta . . . wela' i chi heno . . .'

Rhedeg y ddau gan llath i lawr y llwybr drwy'r Waun Galed â 'ngwynt yn fy nwrn. Dyna faint oedd rhwng ein tŷ ni a Bryngors. Dau gan llath. Neu hyd dau bitsh ffwtbol, yn ôl Tom. Rhyw ddwy funud o gerdded. Ond ar ddiwrnod fel hwn, cwta hanner munud o redeg. Ond yno'n disgwyl amdanaf yn amyneddgar mae Tom, dau fwced sinc gwag wrth ei draed a stên yn ei law.

'Chlywes i ddim mo Annie'n pwmpo bore 'ma.'

'Naddo, fe sychodd y pwmp bnawn ddo', achan. Ma'n rhaid i ni fynd lawr i'r ffynnon i moyn dŵr heddi. Dere 'mlân.'

Anaml y sychai pwmp Bryngors. Ar adegau prin fel hynny, gorchwyl Annie fyddai codi cap y pwmp ac arllwys dŵr i lawr i'w gorn gwddw er mwyn temtio mwy o ddŵr i fyny. Weithiau fe lwyddai. Bryd arall dim ond pesychiadau sych a godai o'r ysgyfaint haearn. Pesychiadau gwag, tebyg i besychiadau John Crydd wedi i hwnnw ddod 'nôl o'r Sowth. Ond ar ôl peswch, fe fyddai John yn poeri. 'Chodai'r un diferyn, er yr holl beswch, o ysgyfaint y pwmp adeg sychder mawr. A gwyddai Annie o'r gorau bryd hynny mai ofer fyddai'r temtio nes lledaenai cawod drom o dwll y glaw tu hwnt i Fanc Bryn-mwyn.

Heddiw doedd dim argoel am law. Dim cymaint â hances boced o gwmwl. Crynai'r ceirch ifanc yn y gwres wrth i Tom a minnau gario'r bwcedi gwag i gyrion Cors Wernfelen.

Yno, islaw'r gamfa rhyngom a'r gors, y ddefod gyntaf fyddai clirio'r brwyn a'r chwyn o wyneb y ffynnon, a hynny yn aml gerbron cynulleidfa fechan o frogaid llygadrwth. Tra byddai'r ffynnon yn gwaelodi, gorweddem ar y geulan uwchlaw, y borfa esmwyth yn anwesu'n coesau noeth yn yr awel ysgafn, gynnes tra'n llygaid yn syllu i'r glesni dwfn, digwmwl, diddiwedd.

'Dew, sbia ar y ddou foda 'na'n hofran, Tom. Dyw 'u hadenydd nhw ddim yn symud, achan.'

'Dim dou foda ŷ'n nhw'r twpsyn. Dou farcud yw rheina. Edrych ar y fforch 'na yn 'u cynffonne nhw.'

'Dew, wi ddim wedi gweld barcuts . . . barcod . . . ymmm dou farcud eriôd o'r blân.'

'Ma' nhw'n nythu lan fanco ar weun Gilfachdwn, medde Ianto Gilfachdwn. Dyma'r tro cynta iddyn nhw ddod 'nôl ers mil o flynyddodd . . . Wel, cant 'ta beth, medde fe. A ma' Ianto Gilfachdwn yn gwbod.'

'Wnewn ni hela wye rhein, Tom?'

'Dew, na. Fe gâi ti jâl am ddwgid wye rhein. Y brenin pia nhw. Ma' nhw'n bethe prin ofnadw.'

'Ddim 'run peth â'r cadnoid 'na ddalon ni, 'te?'

'O, na. Ma' digon o'r diawled 'ny i gâl.'

Yno, ger y ffynnon un cyfnos, y daliasom ddau genaw llwynog mewn trapiau, eu hudo cwynfannus yn ein dwyn ar ras o'r ardd a'r chweugain-y-gynffon am eu dal eisoes yn llosgi tyllau yn ein pocedi. Ond wedi i Tom orfod taro'r bwndeli bach brown dro ar ôl tro â phren ucha'r gamfa cyn eu distewi, surodd y rhagflas o loshin taffi siop Bronceiro ar fy nhafod.

Fe gymerai ugain munud dda i'r ffynnon grisialu. Penlinio ar ei glan wedyn a chodi'r dŵr gloyw â'r stên, gan ofalu peidio â chyffroi'r gwaelod ac ailgymylu'r ffynnon. A'r bwcedi'n llawn, straffaglu 'nôl dros y gamfa ac i fyny llechwedd Cae Ffrynt, Tom yn cario'r ddau fwced, minnau'n dal gafael ysgafn yn nolen un ohonynt tra'n cario'r stên yn y llaw arall.

Wedi dringo'r llechwedd yn yr haul crasboeth, nefoedd fyddai cael croesi'r trothwy i oerni balmaidd y llaethdy. Gadael y bwcedi ar y llawr concrid a gorffwys ar y fainc. Yna, gyda'r stên yn gwpan, drachtio'r dŵr nefolaidd, dŵr na fedrai hyd yn oed 'Dandylion and Burdock' gorau cwmni Corona ei guro am dorri syched.

Fe fedrwn i wneud y tro â dracht o ddŵr nawr, a dweud y gwir. Ond cyn cael dŵr fe fyddai'n rhaid i mi godi o'r gwely 'ma. A phetawn i'n codi, fe welwn i allan drwy'r ffenest. Meddwl am ffynhonnau sy'n codi syched arna i.

Rwy'n cofio dysgu adnod am ffynhonnau unwaith, yr adnod hwyaf imi ei dysgu erioed. Sut oedd hi'n mynd hefyd . . . O, ie . . . 'Canys dau ddrwg a wnaeth fy mhobl; hwy a'm gadawsant i, ffynnon y dyfroedd byw, ac a gloddasant iddynt eu hunain bydewau. Ie, pydewau wedi eu torri, ni ddaliant ddŵr.' Fe'i cofiais hi hefyd yn yr Ysgol Sul, a chael 'mint imperial' gan Richard Rees am wneud hynny . . .

Pennod 2

Yn anochel, ond yn llawer rhy fuan, fe flodeuodd lilis gwynion Marged ac fe es innau i'r ysgol. Roeddwn i eisoes wedi cychwyn yn yr Ysgol Sul yn Festri Rhydfendigaid, lle'r oedd Richard Rees yn athro. Roedd hynny, a'r Seiet bob nos Wener, wedi gwneud llawer i baratoi'r ffordd, ac mae gen i ddyled fawr i'r cyfarfodydd hynny.

Wrth edrych yn ôl, mae'n rhyfeddol meddwl cymaint oedd amynedd pobl fel Richard Rees, a'r gweinidog, Y Parchedig William Davies, wrth geisio cael trefn ar blant mor anystywallt â ni. Fe fyddai'r festri yn bedlam llwyr ar bnawn Sul, gydag un ohonom yn gweithredu fel sgowt. Pan welai'r sgowt ddrws tŷ Richard Rees yn agor, byddai'n rhedeg draw i'r festri i'n rhybuddio. Erbyn i'r athro gyrraedd, fe fyddem oll fel llygod.

Cyn gadael am dri, byddai'r Ysgol Sul gyfan yn canu emyn, yr un emyn bob tro . . .

'Dan dy-y fen-di-th wrth ym-ad-ael . . .' Llithro'n araf i fyny'r meinciau.

'Y dym-un-w-wn Ar-glwy-ydd fod . . .' Hanner codi o'n cwrcwd.

'Llan-w-w'n cal-o-on ni â-th gar-iad, a'n gen-eu-a-au ni â'th glod . . .' Codi ar ein traed.

'Dy dang-ne-fedd, Dy dang-ne-fedd, Dy dang-ne-fedd . . .' Rhuthro allan i'r stryd gan foddi'r 'Dyr-o i ni yn bar-haus.' â'n gweiddi a'n chwerthin.

O gyrraedd ein harddegau, fe'n symudwyd i ddosbarth y bobl ifanc yn y capel ac at athro arall, Tom Evans, Wellington House. Fe ddylasem fod wedi symud wedyn pan oeddem yn un ar bymtheg, ond mesur o'n parch i Tom Evans oedd i ni wrthod ei adael. Ac yn ei ddosbarth ef yr arhosom nes cael ein gwahanu a'n chwalu fel mân us i'r pedwar gwynt.

Yn y Seiet roedd yr awyrgylch dipyn mwy sanctaidd; hynny hwyrach oherwydd presenoldeb hynafgwyr a gâi eu hystyried gennym ni, blant, yn batriarchiaid. Wnâi neb feiddio dweud gair croes yng nghlyw James Williams neu Evan Hughes. Nid bod y Seiet yn gwbl hesb o hiwmor, chwaith. Fe wnâi'n cylch bach ni yn siŵr o hynny, cylch yn cynnwys John Wyn Hughes, David Morgan Evans, Dai Meredith, ac yn arbennig Non Evans a'i frawd, Ronnie.

Non, neu Pecs, fel y caiff ei alw, oedd y cymeriad mawr. Roedd gan William Davies ryw fath o ddameg fach i ddisgrifio'r cysylltiad rhwng Duw a'i bobl. Byddai'n cymharu'r sefyllfa â'r system drydan — y ni oedd yr offer trydan, fel y goleuadau a'r tanau; Duw oedd y pwerdy. Ond cyn i'r system weithio, meddai William Davies, roedd yna un anghenraid arall, — y cysylltiad, neu'r *connection*, sef Iesu Grist. Nawr, roedd y ddameg fach yn gyfarwydd i ni i gyd, ond fe gymerem arnom beidio â gwybod. Felly, un nos Wener, pan ofynnodd y gweinidog beth oedd ei angen ar wahân i'r offer trydan a'r pwerdy cyn i'r pŵer lifo trwodd, dyma Non yn codi ei law. 'Ie, Non,' meddai'r gweinidog, 'Beth arall sydd ei eisiau?' Ateb Non oedd: 'Swllt yn y meter.'

Roedd Pecs hefyd yn arbenigwr ar greu adnodau. Hynny yw, os na fyddai wedi dysgu adnod newydd ar gyfer y Seiet neu'r Ysgol Sul fe âi ati i gyfansoddi adnod. Fe fedra i gofio un ohonyn nhw: 'Y ddafad a frefws ac a gacws ar garreg y drws!'

Roedd y daith o'n tŷ ni i festri a chapel Rhydfendigaid tua hanner milltir. Roedd hanner milltir arall i'w cherdded i'r ysgol gynradd, ar y rhiw rhwng pentrefi Pontrhydfendigaid a Ffair Rhos. Chofia i fawr ddim am fy mlynyddoedd cynnar yno. Yn wir, dim ond un cof clir sydd gen i o'm cyfnod yn yr Inffants. Un diwrnod fe lanwodd un o'r bechgyn — wna i mo'i enwi — ei drowser, ac fe ddanfonwyd y gweddill ohonom allan i chwarae tra bu'r athrawes, Miss Jones, Ty'n Fron, yn glanhau'r llanast. Ond yr hyn a wnaethom ni oedd rhedeg ar ras i iard chwarae'r merched, a oedd ar godiad tir digon uchel i ni fedru gweld i mewn drwy'r ffenest. Ac fe welsom y cyfan — Miss Jones yn matryd y truan o'i ddillad bawlyd ac yn ei osod yn borcyn mewn padellaid o ddŵr twym.

Am ddyddiau wedyn, gyda chreulondeb nad yw'n perthyn ond i blant, fe wnaethom ni fywyd y pŵr dab yn uffern, mae'n rhaid, gyda'n gwatwar a'n gwawd.

Yn ystod y blynyddoedd cynnar, fyddwn i ddim yn cerdded i'r ysgol gyda Tom. Fe âi ef gyda ffrind oedd tua'r un oedran ag ef, Islwyn Bryn-mwyn, a gerddai ymron dair milltir i'r ysgol bob dydd. Ac roedd gan Tom ac Islwyn ffordd arbennig o gyfathrebu. Petai Tom yn gadael o flaen Islwyn, byddai'n gosod carreg ar ben postyn y gât. Os na fyddai carreg yno, byddai Islwyn yn disgwyl am Tom ar ben yr heol.

Mae gen i dipyn mwy o atgofion am fy nhymor yn y Dosbarth Canol, gyda Miss Evans, a ddaeth wedyn yn Mrs Edwards. Mae'n rhaid ei bod hi'n fenyw a oedd o flaen ei hamser o ran dulliau dysgu. Hyd yn oed yn y dyddiau hynny, ar ddiwedd y pedwardegau, fe fyddai hi'n paratoi prosiectau ar ein cyfer. Fe wnaethom, er enghraifft, greu model perffaith, mewn cardbord a phren, o Abaty Ystrad Fflur fel yr ymddangosai cyn iddo fynd yn adfail. Fe gâi pob disgybl ei adeilad ei hun i'w baratoi — rwy'n credu mai'r Clwysgordy oedd fy un i — gyda phedwar o'r disgyblion yn gyfrifol am lunio'r prif adeilad, yr Eglwys.

Ac nid llunio dychmygol wnaem ni, chwaith. O, na. Fe aeth Miss Evans â ni lawr i'r Fynachlog i fesur olion pob wal yn fanwl er mwyn creu'r model ar y raddfa gywir.

A dyna i chi brosiect gwerth chweil — dysgu i ni

fathemateg, gwaith llaw ac, yn bwysicach fyth, hanes lleol ar yr un pryd.

Pan ddaeth hi'n amser i mi fynd i'r Dosbarth Uchaf, neu Ddosbarth Mistir, euthum yno gyda pharchedig ofn. Oedd, roedd gen i'r parch mwyaf i John Griffith Williams. Roedd e'n ddyn disglair tu hwnt, a'r disgyblion a'i gadawai bob blwyddyn am yr ysgol uwchradd yn Nhregaron, â thraddodiad o wneud yn dda yn ieithyddol, yn Gymraeg a Saesneg.

Rown i'n ei ofni hefyd. Na, doedd e ddim yn ein clatsho ni. Ein pinsho ni'n slei bach wnâi Mr Williams, neu dynnu cudyn o'n gwallt. Rwy'n meddwl weithiau mai aml gosbiadau Mistir fu'r gwir reswm i mi ddechrau colli 'ngwallt mor gynnar!

Ychydig o dan hanner cant o blant oedd yn mynychu Ysgol Gynradd Pontrhydfendigaid yn fy nyddiau i. Ym mis Medi 1951 fe symudodd tua hanner dwsin ohonom ymlaen i'r 'ysgol fowr' yn Nhregaron, lle'r oedd tua phedwar cant o ddisgyblion.

Agorodd cyfnod newydd o ennill profiadau newydd a gwneud ffrindiau newydd. Dyma pryd y daeth 'jiometri' ac 'aljibra' yn rhan o'm geirfa am y tro cyntaf. Clywyd tad un o'r newydd-ddyfodiaid yn dwrdio un noson, uwch ei beint, y syniad o wthio syniadau dieithr ar ei fab. 'Dwedwch 'tho i,' medde fe, 'ble ddiawl gaiff John ni'r cyfle i siarad blydi aljibra?'

Saif Ysgol Uwchradd Tregaron — Ysgol Gyfun erbyn hyn — o boptu'r ffordd sy'n arwain i Lambed. Ar y chwith, yr hen ysgol. Ar y dde, yr ysgol newydd. Yn stafell '01', sef stafell rhif un yn yr hen ysgol, y derbyniais fy ngwers gyntaf yn yr 'ysgol fowr'. A jiometri, o bopeth, oedd y wers honno. Tasg gyntaf yr athro, Emrys Prosser, oedd esbonio i ni gymhlethdodau a nodweddion yr ongl. Yn gyntaf, roedd hi'n holl bwysig medru sillafu'r enw'n iawn — yn Saesneg, wrth gwrs. Gyda gwên o fwynhad a chlyfrwch y sylwais fod Vernon, wrth fy mhenelin, wedi sillafu'r gair fel 'angel'. Gwyddwn ei fod yn anghywir. Ellyll oedd ongl, nid angel. Ac anghenfil o bwnc a fu jiometri i mi. Dyma'r unig bwnc erioed i mi ei sefyll mewn arholiad a chael canlyniad o ddim allan o gant.

Ar wahân i Gymraeg ac R.I., neu *Religious Instruction*, Saesneg oedd iaith pob pwnc, gan gynnwys *Rural Science*, pwnc a enynnai byliau o chwerthin o blith meibion a merched ffermydd a thyddynnod. Meddyliwch o ddifri am yr hyn a ddisgrifiai'r athro fel *F.Y.M.* Ystyr *F.Y.M.*, credwch neu beidio, oedd *Farm Yard Manure*. Ie, enw parchus, Saesneg ar ddom da.

Fel ym mhob ysgol, mae'n debyg, roedd llysenwau'n rhemp. Cawn i fy adnabod fel 'Doc', er bod y rheswm dros y bedyddio llysenwol ar goll yn niwl y gorffennol. Cred rhai imi gael yr enw am imi, mewn ambell gneifio, weithredu fel doctor i'r defaid drwy roi pitsh ar eu clwyfau. Mae eraill o'r farn mai rhyw gomic neu'i gilydd a esgorodd ar y llysenw, comic a oedd yn cynnwys cyfres ar dîm pêl-droed a oedd â hyfforddwr Chineaidd a elwid yn '*Doc the Chinese Trainer*'. A damcaniaeth arall yw imi fabwysiadu'r enw am fy mod i'n ddarllenwr pybyr ac yn gwneud yn dda yn yr ysgol.

Pa ddamcaniaeth bynnag yw'r un gywir, fe fûm i'n hynod lwcus. Fe gafodd ambell ddisgybl lysenw llawer mwy anffodus. Meddyliwch am gael eich adnabod fel 'Tomato' neu 'Cabitshen', 'Pimple' neu 'Caws'.

Y llysenw mwyaf dyfeisgar, hwyrach, oedd hwnnw a roddwyd i un a oedd wedi disgyn droeon i Afon Fach, y nant sy'n rhedeg i'r Teifi yn y Bont. Am iddo fod cymaint yn y dŵr fe'i bedyddiwyd yn 'Jacques Cousteau'.

Beth bynnag, llewyrchais yn yr ysgol. Wnes i erioed orffen yn is na'r trydydd safle yn fy nosbarth, o gymryd pob pwnc i ystyriaeth, ar ddiwedd tymor.

Do, fe wnes i flodeuo'n feddyliol yn Ysgol Tregaron. Hynny er gwaethaf rhai athrawon uffernol o wael, ac ambell un a fyddai'n gwbl gartrefol ymhlith poenydwyr mwyaf milain y Gestapo. Roedd un, yn arbennig, yn llwyddo i wneud i Torquemada ymddangos mor ddiniwed â Sant Ffransis o Assisi. Ond roedd yno hefyd athrawon gwych, pobl fel fy athro Saesneg cyntaf, Dan Jones — brawd i Marie James, Llangeitho, gyda llaw. Ef a agorodd fy llygaid a'm meddwl i geinion llenyddiaeth Saesneg. A chlywais i erioed unrhyw un yn darllen, gyda mwy o angerdd, gerddi beirdd fel Flecker a W.H. Davies.

Ac fel pob glaslanc arall yn ei arddegau cynnar, fe flodeuodd fy nheimladau tuag at y rhyw deg hefyd. Yr un hen stori oesol. Syrthio dros fy mhen a'm clustiau mewn cariad â merch dri dosbarth yn uwch na mi, a honno heb unrhyw fymryn o ddiddordeb ynof fi. Ond mae dioddef pangau cariad unochrog yn rhan o dyfu i fyny. Dioddefais yn hapus y mêl a'r wermod.

Diwedd trist iawn fu i'r stori. Bu farw eilun cyntaf fy serch yn ferch ifanc. Y bore wedyn fe wnaeth yr holl ysgol gadw munud o dawelwch er cof amdani. Ac fe ganwyd emyn Morris Davies, Bangor, gan y disgyblion a'r staff:

Bugail Israel sydd ofalus
Am ei dyner annwyl ŵyn;
Mae'n eu galw yn groesawus
Ac yn eu cofleidio'n fwyn . . .

Mae gen i reswm arall dros gofio'r diwrnod hwnnw. Pan gyrhaeddais adre roedd Wncwl John Pen-blodeuyn wedi cael ei alw draw i ladd y mochyn. Fe fu sgrechiadau'r mochyn wrth farw a geiriau Morris Davies yn cordeddu drwy fy meddwl am hydoedd. Weithiau, fe'u clywaf o hyd.

Yn naturiol, fe fu yna nifer o gariadon ysgol, y rhan fwyaf ohonynt heb wybod o gwbl am fy nheimladau. Ond roeddwn i yn y Chweched Dosbarth pan wnes i oed go iawn am y tro cyntaf. Fe'i gwnaed ar gyfer un nos Sadwrn, ar ôl mabolgampau ysgolion y sir yn y prynhawn. Pump o'r gloch tan gloc stesion Aberystwyth, ac yna i'r pictiwrs.

Pan fo rhywun yn disgwyl yn eiddgar am ei gariad, does dim sy'n symud yn fwy araf na bysedd cloc. Roeddwn i wrth yr orsaf o leiaf awr cyn yr amser penodedig. Ond o'r diwedd fe gyrhaeddodd pump o'r gloch, a hithau. Ac i'r Coliseum â ni, i'r seddi cefn swllt a naw.

Rhyw garwriaeth gwbl ddiniwed fu rhyngom ni. Dal dwylo, a thyngu ffyddlondeb oes, ffyddlondeb a barodd am brin ddeufis. Yna fe aeth y ddau ohonom ar hyd ffyrdd gwahanol.

Yn gymharol ddiweddar, wrth olygu straeon

Cymraeg y *Cambrian News*, rhyw orchwyl achlysurol ar fy rhan, fe'm sigwyd yn llwyr wrth i mi ddarllen hanes ei hangladd. Bu farw yn wraig ac yn fam ar drothwy ei chanol oed. Gwnaeth darllen yr adroddiad i ddyddiau ysgol ymddangos yn bell, bell yn ôl.

Ond dyddiau da oedd dyddiau ysgol. A pharhau a wnaeth y llwyddiant addysgol — pasio saith pwnc yn Lefel 'O', a chael beic rasio newydd sbon, y beic rasio gorau yn yr holl ardal, gan Mam a Nhad am wneud hynny.

Yna, yn Lefel 'A', pasio tri phwnc allan o dri — Cymraeg, Saesneg a Chelfyddyd, heb sôn am ennill ysgoloriaeth i Goleg Aberystwyth.

Cofiaf yn dda sefyll yr arholiad Llenyddiaeth Gymraeg, a chyfrwystra yn hytrach na gwybodaeth yn achub fy nghroen. Roedd un o'r cwestiynau yn ymwneud â *Hen Atgofion*, W.J. Gruffudd, cwestiwn a oedd yn gofyn inni pa gymeriad, yn ein barn ni, oedd yr awdur wedi'i ddisgrifio orau. Nawr, doeddwn i ddim wedi darllen y llyfr yn ddigon manwl i ddewis yr un cymeriad ond fe wyddwn gryn dipyn am yr awdur ei hun. Felly euthum ati i fynnu mai'r cymeriad mwyaf diddorol yn y gyfrol oedd yr awdur, wrth inni ddod i'w adnabod drwy ei ddisgrifiadau o'r cymeriadau eraill.

Teimlaf yn aml mai fy nwy flynedd yn y Chweched Dosbarth yn Nhregaron oedd blynyddoedd hapusaf fy mywyd. Fe'm bendithiwyd ag athrawon ardderchog yn y cyfnod hwnnw. Yn Saesneg, agorodd Mrs Joan Rees fy llygaid i waith Eliot a Yeats. Mewn Celfyddyd, roedd Ogwyn Davies yn ŵr a fyddai'n ein trin ni, ddisgyblion, fel pobl gyfrifol. Ac yn Gymraeg, y mwyaf ohonynt i gyd, John Roderick Rees, talp o werinwr o fawnog ucheldir Penuwch, gŵr a barchaf tra byddaf byw. Pan enillodd John ei Goron Genedlaethol gyntaf, yn Llambed, rown i mor falch ohono fel i mi grio fel babi.

Bendithiwyd fi hefyd â'r prifathro gorau posib, D. Lloyd Jenkins. Gŵr bychan, prysur oedd Dai Lloyd, fel y galwem ni ef. Wrth ruthro ar hyd y coridorau â'i ŵn du yn hofran o'i ôl, ymddangosai fel petai'n hedfan. A'r llais cyfoethog, treiddgar hwnnw. Pan waeddai, byddai'r waliau'n atseinio.

Fel ysgolhaig, doedd neb tebyg iddo. Yn ieithydd clasurol ac yn fardd — enillodd Gadair Genedlaethol Llandybïe 1944 — ef a'n cymerai yn y wers ar yr awdlau, sef awdlau moliant Tilsley a Geraint Bowen, y naill i'r Glöwr a'r llall i'r Amaethwr. Byddai ei wersi yn bleser pur.

Ond gallai fod yn ddisgyblwr llym, fel y canfûm. Er bod fy chwaer, Gwen, yn ysgrifenyddes iddo ar y pryd, chawn i ddim ffafrau, fel y profodd un digwyddiad arbennig.

Arferai fy ffrind, David Morgan Evans, a minnau fynd draw i'r cantîn tua chanol pob prynhawn i fwyta tipyn o'r pwdin a fyddai dros ben. Ac fe fyddai Mrs Williams, y brif gogyddes, yn ddigon bodlon rhoi rhyw ddisgled yr un i ni bob dydd. Yr un fyddai'r patrwm — sleifio i mewn drwy'r drws cefn a gweiddi:

'Mrs Williams, o's 'da chi bwdin sbâr?'

Ac wrth gwrs, fe fyddai. Ond heb yn wybod i ni, roedd y prifathro wedi dod i glywed am hyn. Un prynhawn, yn ôl ein harfer, i mewn â ni a gweiddi am bwdin. Y peth nesaf a welsom ni oedd rhuthr o'r tu ôl i'r ffwrn a'r wialen bambŵ yn disgyn yn ddidrugaredd ar bob rhan o'n cyrff.

'Pwdin! Fe gewch chi bwdin! 'Nôl â chi i'r ysgol, y tacle bach!'

Ac fe'n gyrrodd o'i flaen bob cam yn ôl i'r dosbarth, a'r wialen yn dal i'n chwipio. Ie, gormod o bwdin . . .

Ar adegau byddai ganddo ddulliau mwy dyfeisgar o gosbi, fel y dysgodd David Morgan Evans unwaith eto, ynghyd â'i gyfaill, Gordon Winstanley. Roedd y ddau wedi cadw draw o'r asembli foreol ac wedi mynd i guddio yn y toilet. Fe'u daliwyd yno gan un o'r athrawon, Dai Williams, arweinydd 'Adar Tregaron' gynt, a'u danfon at y prifathro.

'Nawr 'te, bois bach. Pam nad o'ch chi yn yr asembli?'

'Sâl, Mr Jenkins. Ddim yn teimlo'n dda o gwbwl.'

'Wel, yr hen rai bach. Ble ma'r poen?'

'Stumog, Mr Jenkins. Poenus iawn.'

'Wel, wel. Wedi i chi 'weud, **ma'** 'na olwg sâl arnoch chi hefyd. Dewch gyda fi.'

Ac i ffwrdd ag ef, gan eu harwain i'r gegin. Yno fe gymysgodd ddau lond cwpan o Epsom Salts a'u gorfodi nhw i'w yfed. Treuliodd y ddau weddill y diwrnod yn rhedeg o'u gwahanol wersi i'r tŷ bach, gyda llais y prifathro yn eu hymlid bob cam o'r ffordd.

'Dyna ni, bois bach. Os oes gwell 'da chi'r toilet na'r asembli, fe gewch chi alw yno drwy'r dydd.'

Cofiaf yn dda i rai ohonom — Alun Williams a minnau yn eu plith — ddechrau ffasiwn newydd drwy wisgo capiau stabal yn lle capiau ysgol. Fe wylltiodd hyn y prifathro ac fe gyhoeddodd yn yr asembli un bore mai'r unig fath o gap a ganiateid fyddai cap yn dwyn bathodyn yr ysgol. Y bore wedyn cyrhaeddodd Alun a minnau yn gwisgo capiau stabal, ond gyda bathodyn yr ysgol wedi ei wnio'n ddestlus arnynt.

Fe gafodd Lloyd Jenkins yr enw o fod yn grintachlyd. Doedd e ddim. Ond fe wyddai beth oedd ystyr tlodi o brofiad, ac fe fu'n ddarbodus o'r herwydd.

Ond pan ddeuai profedigaeth i ran disgybl, ef fyddai'r cyntaf i estyn cil-dwrn dirgel. Roedd ganddo galon fawr, feddal. Byddai profedigaeth i ddisgybl yn brofedigaeth iddo ef hefyd. Yn wir, nid ei ddisgyblion oeddem ni. Ni oedd ei blant.

Yn ystod fy nau wyliau haf olaf yn Ysgol Tregaron, cefais waith gyda'r Comisiwn Coedwigaeth yn ardal Tywi Fechan. Bu hwn yn brofiad arbennig o ddiddorol. Cyflogwyd tua hanner dwsin ohonom, gan gynnwys ffrindiau i mi, John Wyn Hughes, neu Jac, Wil Metcalfe a Rhys Daniels. Fe'n cludid weithiau i ganolfan y Comisiwn ym Mhantyfedwen — hen gartre Syr David James — mewn lori. Ac wrth gael ein cario drwy'r pentre i fyny am y mynydd, teimlem yn rêl dynion.

Roedd y gwaith yn ddigon ysgafn ac yn weithgaredd iachusol — cael anadlu awyr y mynydd-dir tra'n torri rhedyn neu blannu coed yng nghwmni gweithwyr llawn amser fel William Jones, Glyn Williams, Teifi Davies ac Alf Williams.

Ond y Fforestwr oedd y cymeriad mawr — John Jones, sydd bellach yn byw yn Nhregaron ac sy'n perthyn i Fois Nantllwyd. Roedd John, fel meistr, yn un o'r goreuon — dyn caled ryfeddol o ran corff. Treuliodd rai blynyddoedd yn aelod o'r *Palestine Police* a gwyddai sut oedd ymladd mewn *unarmed combat*.

Un dydd, i fyny ar ucheldir Diffwys uwchlaw Tregaron, bu'n dangos i ni sut oedd ymladd gyda phastwn. Cyn i mi fedru symud, fe'm trawodd ar ochr fy mhen nes i mi ddisgyn fel sach ar y fawnog. Dechreuodd Jac chwerthin, ond dyma John yn cydio yn hwnnw wedyn a'i daflu fel pellen dros ei ysgwydd, gan dorri ei ddwy fflasg de.

Un felly oedd John Jones fel meistr. Roedd e'n ddyn caled yn allanol ond meddai ar galon feddal, a sicrhâi y byddem ni, fechgyn ysgol, yn derbyn cyflog oedd yn llawer uwch na'n haeddiant.

Ond roedd rhai o'r bechgyn o Loegr a ddaeth i weithio gyda ni dros y gwyliau yn ei ofni'n fawr. Wrth dorri rhedyn, er enghraifft, y pechod mwyaf fyddai torri un o'r coed ifanc yr un pryd, rhywbeth a fedyddiwyd gan John fel *Sheffield Blight*, hynny oherwydd y dur o Sheffield oedd yn ein crymanau. Nawr, roedd gan John gi o'r enw Carlo, labradôr a eisteddai i'n gwylio am oriau bwygilydd. Dyma un o'r dieithriaid yn mentro gofyn i John a oedd Carlo, yn absenoldeb ei feistr, wedi'i hyfforddi i gadw gwyliadwriaeth arnom.

'*Of course*,' meddai John. '*Every time he spots Sheffield Blight he sits on his bloody arse and howls*.' Ac fe gredodd y Sais.

Ddiwedd haf 1958, gan fy mod bellach wedi gadael yr ysgol yn swyddogol, arhosais am ychydig wythnosau yn ychwanegol gyda'r Comisiwn. Ac ar ôl gadael, roedd gen i dros bythefnos arall i'w gwastraffu cyn mynd i'r Coleg. Dewisais fynd 'nôl i'r ysgol yn ystod y cyfnod hwnnw, gyda bendith y prifathro. A dyna pryd y gwnes i lawn sylweddoli pa mor graff ydoedd. Tra oeddem yn y Chweched Dosbarth fe awn i a dau ffrind, Rhys Lewis ac Emyr Jones, i dafarn y Railway Steps ambell awr ginio. Cwestiwn y tafarnwr, wrth dynnu'r peint cyntaf, fyddai:

'Chi ddim yn blant ysgol, odi chi?'

'Nag ŷ'n,' fyddai'r ateb bob tro.

A chan anwybyddu'n llwyr ein blesyrs a'n teis ysgol fe dynnai beint yr un i ni.

Nawr, rown i'n gwbwl hapus fy meddwl na wyddai Lloyd Jenkins unrhyw beth am yr ymweliadau hyn. Ond un dydd, wedi i mi adael yn swyddogol, dyma fe'n datgelu ei fod yn gwybod gydol yr amser.

'Ddwedes i ddim byd ar y pryd, Ebenezer,' meddai, gyda gwên chwareus. 'Chi'n gweld, fe fuoch chi'n fachgen da yn yr ysgol. A dyna be' sy'n bwysig.'

Yn ystod y pythefnos ychwanegol hwnnw fe ymunais i â gwersi Dosbarth Chwech a pharhau i chwarae i dîm rygbi'r ysgol, gan sgorio unig gais fy mywyd, yn erbyn Llanymddyfri. Hwnnw oedd y tro cyntaf erioed i Dregaron eu curo.

Ond gadael fu raid. Gadael, a chyfarfod â ffrindiau newydd eto. Ond roedd y cof am un ffrind bore oes yn gwrthod cilio. Ac roedd llaid y Waun Galed yn dal ar wadnau fy sgidiau . . .

'Mam, fydda i ddim adre i ginio heddi.'

'Ble wyt ti'n mynd heddi 'to? Ddim i hela nythod, gobeithio?'

'Nage, Mam. Ma' Wil Bronceiro yn dod i droi Ca'r Dderwen bore 'ma. A wi'n mynd lawr at Tom i ddisgwl amdano fe. Ga' i ginio yn Bryngors'.

Cae'r Dderwen oedd y darn ffrwythlonaf o Gae Marged. Ymledai canghennau'r goeden fawr dros ran helaeth o'r tir gan ollwng ei chnwd o fes yn gawod galed bob hydref. Yma, bob yn ail flwyddyn, deuai Wil â'i Ffyrgi bach llwyd a'i aradr i rwygo'r pridd coch.

Gwyddai Wil, gystal â ninnau, fod y graig yn agos i'r wyneb tua'r canol. A hoff gêm Tom a minnau, gyda'n pwys ar ffens y Waun Galed, fyddai betio sawl cwys a gymerai cyn i swch aradr Wil grensian ar ddannedd y graig. A pha mor ofalus bynnag y byddai Wil, fe ddigwyddai bob tro. A phan ddigwyddai, disgleiriai'r graig yn glaerwyn rhwng cochni'r pridd.

'Ti'n cofio Twm Plas y Ddôl ar 'i foto beic yn bwrw mewn i'r car 'na ar dro Porth Llwyd?'

'Dew, odw, achan. Ac asgwrn côs Twm yn stico mâs drw'r cnawd.'

'Ie, a Twm yn begian ar bawb, "Saethwch fi'r diawled. Fydda i dda i ddim i neb rhagor".'

'Fuodd e byth cystal towlwr darts wedyn, do fe?'

'Naddo. Dim balans 'dag e, tweld.'

A'r gwylanod yn heidio uwch ein pennau fel atgofion chwâl gan chwyrlïo a chordeddu wrth ddilyn aradr Wil.

'Ti'n meddwl bydd crop da o gnou ar y goeden 'na wrth hen waith Tŵyn leni?'

'Siŵr o fod. Ond diawch, fe fydd yn rhaid i ni fod yn gloi ne' fydd Leias Teilwr wedi'i blingo 'i.'

'Ti'n iawn. Ma' Leias fel blydi wiwer.'

'Ti'n meddwl daw'r ddou farcud 'na 'nôl i nythu 'leni 'to?'

'Ma' nhw siŵr o ddod. Os na fydd rhywun wedi'u distyrbo nhw. Ma' nhw'n digio'n hawdd, tweld. Os distyrbi di nhw unwaith, ddôn nhw ddim 'nôl wedyn. Fe â nhw bant o' 'ma.'

'Ei di ddim bant, ei di, Tom?'

'Na wna'r lob dwl . . . Edrych, ma' Wil wedi bennu troi. Dere i ni neud oged a mynd ati i lyfnu tipyn o'r ca' 'ma'n hunen. Jyst dechre'r job i Wil.'

'Ond sdim oged 'da ni.'

'Fe wnawn ni un. Dere 'mlân. Fe awn ni i'r dymp i whilo hen bethe i neud oged. Dere, fe wna i dy raso di . . .'

Y dymp — yr hen domen sbwriel ar ganol y Waun Galed — oedd Ynys y Trysor i Tom a minnau. Yno ar brynhawniau Iau y deuai Bob â'i lori ludw gan ei bacio i ymylon y brwyn cyn arllwys y sbwriel o'i chrombil.

Ar ôl ysgol, a the cynnar, âi Tom a minnau yno i chwilota am drysorau. Ac fe'u caem. Tuniau polish gwag i'w rasio ar nant Wernfelen. Olwynion pram i'w gosod o dan focs orenjis i wneud cart fach. Doli heb freichiau. Car modur bychan diberfedd. Ac unwaith, er mawr syndod, pâr o 'pince-nez'.

Ond gwell na thrysorau'r domen oedd y teganau naturiol. A doedd dim gwell addysgfa i blentyn o'r wlad nag ysgol ddiddesgiau pen llidiart neu fôn clawdd. Ac o gael athro fel Tom, byddai unrhyw beth yn bosib.

Pwy'n well am lunio bwa saeth o bren collen a chortyn

beinder? Naddu whisl o bren collen wedyn er mwyn gwylltio Mot, ci Tyncoed, gan ddenu Jên neu Meri allan o'r tŷ i'w ddwrdio. Fe drôi cwilsen gŵydd a darn o bren wedi'i naddu yn wn tatws i'w saethu at ieir Bryngors gan wneud iddynt ffoi am noddfa i'r Cae Bac. A chyda taten, cneuen, cortyn a brigyn fe luniai rod daten. Byddai darn o bren ysgawen yn troi yn wn pys i saethu at geffyl John Gwndwn-gwinau gan wneud i'r ceffyl neidio ac i John weiddi 'Gwae! Gwae! Be' sy'n bod ar y gaseg 'ma heddi!'

Ond campwaith Tom fyddai'r catapylt. Rhimyn o rwber o hen diwbin car, tafod esgid, fforch gollen, cortyn tenau — a dyna ni. Hwn oedd fy hoff arf nes i mi unwaith, ar ddamwain, daro cangen lle safai ceiliog bronfraith. Yr aderyn druan yn disgyn yn farw o sioc wrth fy nhraed. Ei godi, a'i fynwes fach gynnes yn oeri yn fy nwylo crynedig a'i gorff yn gwlychu gan fy nagrau.

Yr oged? O, do, fe wnaed oged o ddwy olwyn beic a hen tshaen o'r domen.

'Dew, ma'r llyfnu ma'n ddigon i'n lladd i, achan. Ceffyle ddyle fod yn tynnu, dim ni'n dou.'

'Falle bo ti'n iawn. Ond gad bethe i fod am funud. Dere i ishte ar y clawdd fan hyn. Ma' tipyn o bop ar ôl.'

Gorwedd dan gysgod y dderwen fawr. Coeden fel hon oedd yng Ngardd Eden, siŵr o fod. Dim ond dau oedd yn fan honno hefyd, medde Richard Rees. Roedd hi'n swnio'n debyg i ardd Bryngors. Nes i Richard Rees sôn am y sarff. Welais i erioed sarff yng ngardd Bryngors, er bod yno goeden afalau. Ond fe welais i sarff yng Nghae Marged unwaith. Ym mhen pella'r cornel brwynog a alwai Tom yn Gae Ffynnon roedd hi, yn torheulo ar fin y dŵr. Honno oedd yr unig sarff fyw i mi ei gweld hyd heddiw. Gwiber oedd hi, meddai Tom. Taflodd y ddau ohonom gerrig ati, a'n harswyd ohoni yn gwneud i ni fethu bob tro. O'r diwedd, sleifiodd o'r golwg rhwng y brwyn. Ac mae gen i ryw feddwl nad cael ein hofn wnaeth hi ond blino ar ein hergydion digyfeiriad.

Na, welais i'r un sarff byth wedyn. Ond mae hi yma o hyd, er na fedra i ei gweld hi. Ei deuddant hi a wenwynodd ein diniweidrwydd yn y dyddiau pan oedd derwen yn bren y da a'r drwg yn Eden Cae Marged . . .

'Hei, be' sy'n bod arnat ti? 'Ti'n cysgu? Cymer ddracht o'r pop 'ma.'

'Diolch. 'Rarglwydd, ma' syched arna i, achan.'

'Edrych. Dim pop yn unig ges i yn siop Bronceiro heddi.'

'Tom! 'Ti wedi prynu ffags!'

Pecyn pump o sigaréts 'Turfs' oedd yn llaw Tom, a'r rheiny'n sigaréts iawn, nid rhai loshin. Roedd y ddau ohonom wedi rhoi cynnig ar smygu dail troed yr ebol, a hyd yn oed dail tafol. Ond ffags iawn!

'Llun pwy sy' ar gefen y paced, Tom?'

'Aros i fi gâl gweld . . . Joe Mercer, achan.'

'Biti, hefyd. Ma' dyblyr 'da ni o hwnnw. Wally Barnes own i ishe.'

Taniodd Tom un o'r sigaréts gyda medrusrwydd a oedd dipyn hŷn na'i brofiad. Fe'i gosododd rhwng ei wefusau a thynnu arni'n araf. Anadlodd allan gan wylio'r mwg yn ei lapio'i hun fel sarff rhwng brigau un o gangau'r dderwen.

'Wi wedi bod yn meddwl lot yn ddiweddar. Meddwl be' wi'n mynd i neud ar ôl gadel yr ysgol. Sdim lot i 'neud ffordd hyn, o's e?'

'Wyt ti byth yn mynd i adel, Tom? 'Ti byth yn mynd bant?'

'Nagw'r ffŵl. Cymer bwff o'r ffag 'ma.'

Cydio yn y sigarét â llaw grynedig. Ei gosod rhwng gwefusau yr un mor grynedig. Anadlu i mewn. Tagu. Dagrau'n llifo. Nid dagrau tristwch. Roedd y rheiny i ddod wedyn . . .

Un bore, a minnau wrth fy mrecwast, fe alwodd Tom heibio yn ei ddillad gorau. Wrth ddolen ei fag hongiai label yn dwyn y cyfeiriad 'Kinmel Park Army Camp, Rhyl'. Canodd corn car modur Dic Jones tu allan i'r tŷ. Cerddodd Tom at y car. Taflodd ei fag i'r cefn a dringodd i mewn.

'Hwyl, 'rhen foi. Wela i di cyn bo hir.'

Diflannodd y tacsi am Fryn Crach ar ei ffordd i'r stesion. Anghofiais y brecwast. Ac fe ddaeth y dagrau. A'r rheiny'n ddagrau crio y tro hwn.

Fe ddaeth Tom yn ôl ymhen tua chwe mis. Gwisgai lifrai brown a smociai'n gwbl agored y tro hwn. A'n pwys ar glawdd y Waun Galed, syllodd Tom i lawr y llwybr at Fryngors.

'Pan fydda i wedi bennu â'r Armi, a châl job, wi'n mynd i ail-neud Bryngors. Dyw e ddim yn beth iawn i bobol fyw mewn tŷ â llawr pridd.'

Taflodd ei chwarter sigarét ar y llwybr. Sathrodd arni â'i sawdl. Cododd ei fag a throdd am adref.

'Fyddi di adre heno, Tom, os do' i i lawr?'

'Na. Wi'n mynd mas 'da'r bois heno. Ma' 'na ddans yn Llanybydder.'

'O, iawn . . . Wela i di fory . . . rywbryd . . .'

Pennod 3

Gan mai dim ond dau gan llath oedd rhwng ein tŷ ni a Bryngors, teulu Marged oedd ein cymdogion agosaf. Ond fe fu'r ddau deulu yn gymdogion agosach fyth gan mai i Fryngors, i'r pen uchaf o'r tŷ, yr aeth Mam a Nhad i wneud eu cartref ar ôl priodi.

O edrych ar adfeilion y tŷ heddiw, mae'n anodd credu iddo gartrefu un teulu, heb sôn am ddau. Roedd wyth, ar un adeg, yn byw yn nhŷ Marged. Yn ein tŷ ni roedd teulu o bedwar ar ddeg, er mai prin iawn oedd yr adegau pan fyddent oll gartre gyda'i gilydd, gan i'r rhan fwyaf o'r plant adael yr ysgol, a'r cartref, yn gynnar i ennill cyflogau. Fi oedd yr unig un o'r tri ar ddeg o blant i gael ei eni yn y tŷ newydd wrth ymyl y ffordd fawr.

Saif Bryngors, neu o leiaf ei adfeilion, ar fan cyfarfod pedwar cae. O'i flaen, y Cae Ffrynt, ac o'i ôl, y Cae Bac. Yna, wrth ei dalcen, roedd ffens yn gwahanu'r Waun Galed oddi wrth Gae Marged.

Fferm y Wernfelen oedd biau'r tir a'r tŷ, gyda'r ddau deulu'n talu rhent i'r ffermwr, Morgan Jones. Roedd Morgan Jones yn ŵr rhadlon, caredig, a châi plant y ddau deulu dragwyddol heol i grwydro caeau'r Wernfelen wrth chwarae neu hel nythod, casglu coed tân neu goed pys. Heddiw mae ei ddisgynyddion — ei fab, William a rhai o'i blant yntau — yn ffermwyr llwyddiannus iawn yn yr ardal.

Roedd Mam, Mary Ann Williams, yn forwyn ar fferm Maeselwad, a Nhad, Morgan, neu Moc Ebenezer, yn was mawr yn yr Allt Ddu — dwy fferm a oedd yn ffinio â'i gilydd — pan wnaethon nhw gyfarfod. Yna symudodd Nhad i fod yn was yn y Wernfelen cyn i'r ddau briodi yn 1916, pan oedd Mam yn ugain oed a Nhad tua phedair blynedd yn hŷn.

Yn fuan ar ôl priodi, a hithau'n un ar hugain oed, roedd Mam wrthi'n helpu i godi tatw ar fferm Penywern-hir rhwng y Bont a Ffair Rhos pan gollodd ei modrwy briodas. Chwiliwyd ym mhobman ond yn ofer.

Mab y fferm oedd John David Jones, a oedd yn ddwy ar bymtheg oed ar y pryd. Bob tro y byddai ar orchwyl yn y cae arbennig hwnnw byddai'n cadw llygad barcud ar y fan lle collwyd y fodrwy.

Un dydd Sadwrn, 36 o flynyddoedd yn ddiweddarach, ac yntau'n rowlio'r cae, gwelodd rywbeth yn sgleinio yn yr haul. Ie, modrwy Mam oedd hi. Ac fe ddychwelodd y ffermwr y fodrwy iddi heb sylweddoli ei bod hi'n ddydd ei phen-blwydd yn 57 oed.

Ymsefydlodd fy rhieni ym mhen uchaf Bryngors, gan rentu cae oddi wrth Morgan Jones, cae pum erw y tu draw i'r ffordd fawr sy'n arwain o Bontrhydfendigaid i Dregaron. Cadwent fuwch, mochyn a ieir. Ond y gwir amdani oedd eu bod nhw'n derbyn mwy yn ôl gan Morgan Jones nag a delid. Bob gaeaf byddai'n danfon tua dwsin o ddefaid tac yno, ac roedd yr arian a dalai ef am hynny yn fwy na'r rhent a dderbyniai oddi wrth Nhad am y cae.

Pan drawodd fargen â Nhad am rent y cae, mae'n debyg iddo ddweud na ofynnai byth am ei gae yn ôl oni bai i Nhad ddymuno iddo wneud hynny. Ac felly y bu. Pan roddwyd y gorau i gadw buwch, ddiwedd y pumdegau, cyflwynwyd y cae yn ôl i'r Wernfelen.

Oni bai am garedigrwydd pobl fel Morgan Jones fe fuasai wedi bod yn denau iawn ar deulu mawr fel ein teulu ni. Ac nid ef oedd yr unig gymwynaswr. Prin fod yr un teulu mawr yn y fro heb ei ddyled i'r siop, a gwn yn iawn pa mor garedig ac amyneddgar y bu Richard Rees, Siop Florida, pan oedd hi'n ddyddiau main ar bawb.

Byddai Mam yn sôn yn aml hefyd am haelioni Morgan Davies, Pontllanio, a oedd, ymhlith pethau eraill, yn fasnachwr glo. Droeon canfuwyd cant neu ddau o lo wedi'i adael dros glawdd y Waun Galed. Ac ni fyddai unrhyw sôn am dalu.

Roedd cymwynasgarwch dirgel fel hyn yn beth cyffredin yn ein hardal ni. Hyd yn oed yn ddiweddarach, yn ystod y cyfnod yn dilyn y Rhyfel, gwelwyd hyn ar ei orau. Daeth teulu o ffoaduriaid o Wlad Pwyl i Ffair Rhos, gan ymsefydlu yn Llidiart-y-Ffair. Doedden nhw'n berchen ar ddim byd mwy na'r dillad oedd amdanynt. Ond dyma ffermwr lleol, Eben Jones, Park House, yn cyrraedd un diwrnod gydag un o'i wartheg yn rhodd iddynt. Wyddwn i'r un dim am ei weithred o Gristnogaeth ymarferol nes i un o'r Pwyliaid ddatgelu'r stori i mi yn gymharol ddiweddar. Oedd, roedd rhai o bobl y fro yn halen y ddaear.

O fro gyfagos, tu hwnt i Gors Caron, yr hanai Nhad. Fe'i ganwyd mewn tyddyn bach o'r enw Tynewydd, ym mhlwyf Lledrod. Fedra i ddim cofio dim am Mam-gu a Thad-cu Tynewydd. Ond roeddwn yn gyfarwydd â brodyr a chwiorydd fy Nhad — rhai yn fwy na'i gilydd. Un o fois yr hewl a gadwai dyddyn yn Llanfair Clydogau oedd Wncwl Dafydd, a does gen i fawr o gof amdano ef. Roedd Wncwl John yn ffermio Pen-blodeuyn yn Llwyn-groes, a'i angladd ef oedd y cyntaf i mi fod ynddo erioed. Ar fferm y Cnwc, Swyddffynnon, y ffermiai Wncwl Tom, a deuai ef draw yn weddol aml i'n tŷ ni. Roedd ganddo lais clir ac uchel fel cloch. Rhyw frith gof sydd gen i am Wncwl Dan, gan iddo adael am y Sowth, fel cymaint o fechgyn yr hen sir, i chwilio am waith yn y lofa ym Mryncethin. Fe'i gwelwn pan ddeuai'n ôl ar ambell ymweliad.

Roeddwn i'n gyfarwydd iawn â dwy chwaer fy nhad.

Roedd Kate yn briod ag Ifan Rees yn Llangeitho, a byddai hi'n dod heibio i ni'n aml iawn. Roedd hi'n dipyn o gymeriad — gwraig fechan, brysur. Roedd y llall, Esther, yn fwy cyfarwydd fyth gan ei bod hi yn byw ym Mhontrhydfendigaid. Roedd yn briod â Tommy Jones, neu Tom Crydd; cadwai un neu ddwy o wartheg, ac fe gerddai filltiroedd bob dydd wrth gario'r post.

Ond fy ffefryn i o blith fy ewythrod a'm modrybedd o ochr Nhad, oedd Wncwl Wil, Tregaron, neu Wil Aberdŵr. Dyma gymeriad os bu un erioed. Roedd Wncwl Wil, fel finnau, yn gyw melyn ola'r nyth, fel yr atgoffai fi byth a hefyd. Roedd ganddo lygaid glas, direidus ac ateb parod i bawb. Ni chlywais am neb erioed yn cael y gorau arno.

Roedd Wil yn was bach yn yr Allt Ddu pan oedd Nhad yn was mawr yno. Unwaith yr wythnos, deuai Mam-gu Tynewydd draw dros y gors, ar hyd y rheilffordd, â dillad glân i'r ddau, ynghyd â losin i Wil. Pan welai hi'n dynesu ar hyd y lein, gadawai Wil ei waith a rhuthro i'w chyfarfod.

Mae stori amdano'n ffensio yn yr Allt Ddu — Dan, mab y fferm yn dal y postyn a Wil yn hitio. Methai'r postyn, o fwriad, bob tro. Felly dyma Dan yn ceisio'i ddysgu drwy osod ei fys ar ben y polyn fel targed.

'Bwra 'mys i,' meddai Dan, gan dynnu ei fys yn ôl mewn pryd a gadael i Wil daro'r postyn. Ac yn wir, fe weithiodd y wers nes i Wil gael llond bol ar hyn oll. O'r diwedd, cyn i Dan fedru hyd yn oed ddweud, 'Bwra 'mys i,' fe ddisgynnodd gordd Wil ar flaen ei fys gan ei fflato ar ben y postyn.

Roedd storïau lu yn ardal Tregaron am ddoniolwch

Wil. Fel Nhad, cafodd waith fel un o fois yr hewl. Un dydd, tra'n gweithio ger yr ysgol gynradd yn Nhregaron, dyma fe'n stopio plentyn ar ei ffordd adre.

'Ddysgest ti rwbeth heddi?' gofynnodd Wil.

'Do,' meddai'r plentyn. 'Syms.'

'Reit,' meddai Wil. 'Gad i fi roi prawf arnat ti. Faint yw dou a dou?'

'Pump,' medde'r plentyn.

'Diawl,' meddai Wil, 'falle bo ti'n iawn. Ro'dd e'n bedwar pan own i'n yr ysgol.'

Fe glywais berfformiwr Cymraeg ar y teledu yn adrodd y stori yna yn ddiweddar, gan ei hawlio fel jôc wreiddiol. Ond Wil glywais i yn ei hadrodd gyntaf, a hynny ddeugain mlynedd yn ôl.

Unwaith, tra oedd yn brwsio'r ffordd ger un o siopau Tregaron, fe alwodd y siopwr e draw a dangos iddo faw ci oedd ar riniog y siop. Gofynnodd i Wil frwsio'r llanast. Ond gwrthododd, yn gellweirus, gan ychwanegu nad oedd yr Undeb yn caniatáu iddo frwsio unrhyw beth ar eiddo preifat.

'Ond be' wna i â'r baw ci 'ma?' gofynnodd y siopwr.

'Wel,' meddai Wil, 'cer ag e lawr i swyddfa'r heddlu. Ac os na fydd neb wedi'i hawlio fe mewn pythefnos, fe gei di 'i gadw fe.'

Mae'r stori enwocaf amdano yn ymwneud â brwsio'r ffordd hefyd. Ac yntau ar sgwâr Tregaron un dydd, daeth y gweinidog lleol draw i gael gair, gan gyfeirio at y ffaith fod dau dwll ym mhen y brws, beth cwbl naturiol mewn brws, wrth gwrs, er mwyn newid y goes o un twll i'r llall wedi i'r brws dreulio ar un ochr. Beth bynnag, teimlodd y gweinidog fod ganddo gyfle i dynnu coes Wncwl Wil.

'Beth yw pwrpas y twll 'na ym mhen y brws, William?' gofynnodd.

'Wel,' meddai Wil, 'mae hynna'n profi cyn lleied wyddoch chi'r gweinidogion am waith. Yn y twll 'na y byddai'n gosod y gannwyll pan fydda i'n gweithio'r nos.'

Roedd Wil yn bresennol yn fy mhriodas i a Jên. Ac er ei fod e'n llwyr-ymwrthodwr, fe ddaeth i'r wledd i westy'r 'Cambrian' yn Aberystwyth. Wedi'r wledd, dyma fe'n holi i ble yr aem ar ein mis mêl.

'I Iwerddon, Wncwl Wil,' meddwn i.

'Ar y llong wyt ti'n mynd?'

'Ie.'

'Wel, cymer gyngor gen i. Os byddi di'n teimlo'n sâl, ac yn chwydu ar y ffordd drosodd, bydd yn ofalus.'

'Pam?'

'Wel, os teimli di lwmpyn caled yn dod lan, llynca fe 'nôl ar unwaith. Ringen twll dy dîn di fydd e.'

Ie, Wil Aberdŵr. Mae llawer yn meddwl fy mod i'n tynnu ar ei ôl. Ac rwy'n teimlo hynny'n fraint.

Ar ochr Mam, fedra i gofio dim am Dad-cu Ffair Rhos, Ifan Williams, dim ond y llun hwnnw ohono yn ŵr cymharol ifanc, urddasol gyda mwstás trwchus. Edrychai'n debyg iawn i'r llun hwnnw o General Custer a welswn yn un o gylchlythyrau misol Clwb Roy Rogers. Mynnai rhai fy mod i, o ran pryd a gwedd, yn tynnu ar ei ôl, gymaint felly fel mai fel 'Williams' y cyfeiriai Dan Tŷ Uchaf ataf bob tro.

Mae yna ddisgrifiad ohono yn llyfr William Jones-Edwards, *Ar Lethrau Ffair Rhos*: 'Ffefryn pawb, yn enwedig y plant, oedd Ifan Williams, meistr ar y grefft o ddyrnu gyda ffust, a champwr ar blethu sietin. Ef a ofalai bob amser fod y dŵr yn berwi yn yr hen ferwedydd a osodid ar dân mawn yn ochr y clawdd, ar achlysur te parti blynyddol Caersalem. Llawer gwaith y gwelais ei lygaid yn goch gan y mwg, a'r dagrau yn treiglo lawr ei wyneb crychiog pan chwythai i gael y tân i gynnau. Llawer het a ddistrywiwyd wrth eu chwifio yn ôl ac ymlaen i roi gwynt i'r tân a'i gymell i fflamio. Ar ddiwrnod gwresog, roedd ei facyn coch, sbotiau gwynion, yn wlyb gan chwys. Ond ni wnâi neb ond ef y tro i ofalu am y berwedydd.'

Un o fois yr hewl oedd Tad-cu Ffair Rhos, ac un o'i orchwylion fyddai torri cerrig. Fe gyfansoddodd Evan Jenkins gerdd iddo o dan y teitl, 'Y Torrwr Cerrig'.

Ar nos Sadwrn carai beint
Wedi hanner diwrnod rhydd,
Carai, yn y cwrdd prynhawn
Bregeth ar y seithfed dydd.
Carai ganu emyn pêr
O fawl i ŵr y Goron Ddrain:
Carodd ganu lawer tro
Odlau mêl 'Hen Ffon fy Nain'.

Ddoe, wrth glogwyn Bwlch Graig Fawr,
Heddiw, wrth gysgod perth Lôn Groes:
Glaw neu hindda, haul neu wynt,
Dyna stori fer ei oes.
Parchai'r tlawd ar heol blwy,
A'r gŵr mawr ar ffordd y llyn;
Parchai'r meistr, a pharchai was,
Ffefryn plantos bro a bryn.

Ar ei aelwyd fach ei hun
Gyda'i thylwyth wyth neu naw,
Gorau cyfoeth hon oedd serch
Gweithiwr glew y gaib a'r rhaw.
Er na theithiodd fawr o'r byd,
Aeth ei galon lawer tro
Dros y culfor tua Ffrainc,
Lle mae llwch o'i lwch mewn gro.

Os na wnes i adnabod Tad-cu, mae gen i gof da am Mam-gu Ffair Rhos, Jane Williams. Hi oedd brenhines y pentre bach. Fe fedraf ei gweld hi nawr, â'i gwallt gwyn fel yr eira a'i hwyneb glandeg, yn sefyll yn nrws Tŷ Canol gan syllu gyda balchder ar y blodau yn ei gardd. Roedd Tŷ Cefn y drws nesaf i weithdy crydd Tomos Evans, gweithdy a oedd yn dwyn yr enw *Penbanke Stores*. Ac os mai Mam-gu oedd brenhines Ffair Rhos, Tomos oedd y brenin. Ei weithdy ef oedd senedd bro, ac yno yr ymgynullai beirdd yr ardal — Dafydd Jones, W J Gruffydd, Evan Jenkins, Jac Oliver ac eraill, i drafod a nyddu cerddi.

Medrai Tomos gadw llond ceg o hoelion sgidiau, gan eu tynnu allan fesul un ar flaen ei dafod, yn ôl y galw. A thra'n gwneud hynny, medrai siarad a phoeri'n ddi-feth i lygad y tân.

Ond yn ôl at Mam-gu. Mae'n debyg mai o ardal Llandrindod yr hanai. Ond trawsblannodd ei gwreiddiau yn hawdd ym mawnog Ffair Rhos. Hi oedd bydwraig y fro. Cynorthwyodd i ddod â dwsinau o fabanod ardal Ffair Rhos i'r byd, gan gynnwys y Prifardd a'r cyn-Archdderwydd Elerydd, sef W J Gruffydd a anwyd ym Mwlch-y-gwynt, tŷ nad yw 'ond tôn-y-botel daith' o sgwâr Ffair Rhos. Roedd ganddi gof aruthrol. Medrai, er enghraifft, gofio tŷ unnos yn cael ei godi ar y rhos. Mae'n anodd credu hynny, ond dyna fe, fe anwyd Mam-gu yn 1862, ac roedd hi'n 76 oed pan anwyd fi.

Roedd Jane Williams yn wraig anhygoel. Yn ei hwythdegau, byddai'n cerdded yn ôl a blaen i Garmel, capel y Bedyddwyr ym Mhontrhydfendigaid, taith o dros filltir. A'r filltir tuag adre yn filltir serth.

Ar achlysur ei phen-blwydd yn 88 oed yn 1950 fe gyfansoddodd Dafydd Jones gerdd iddi a'i chyhoeddi yn y papur lleol —

Mae stori'i chartref yn gyson yno
Ers tymor hir o dan wenau ffawd, —
Gwau hosan a'i rhoddi yn sypyn cryno
O'r neilltu dro dan hwylio i'w rhawd.

A thry o'r lôn dros ffordd y mynyddoedd
Ar hynt i waered drwy'r pentre bach,
Ei cham yn hoenus er maith flynyddoedd
A gwên yn tonni ei hwyneb iach.

Ni fedrodd y byd a'i loes ei suro
Er iddi brofi o'i siom a'i fraw;
A'i thasg wythnosol yw taer brysuro
I gasglu nwyddau mewn basged lawn.

Fe'i gwelir, pan fyddo'r storm feiddgaraf,
Yn troi i Garmel wrth odre'r bryn
Drachefn ar y Sul, o'i hynt anaraf
A'i Llawlyfr Moliant tan fraich yn dynn.

Yr un fu ei rhan ar lanw'r blynyddoedd
A'r un a fydd nes terfyno'r drefn —
Caiff lwybro'n chwim dros ffordd y mynyddoedd
Ymlaen ac yn ôl drwy lôn Tŷ Cefn.

Roedd hi'n gant namyn un pan symudodd o Dŷ Canol i fyw gydag Anti Sarah yn Llambed, ar ôl treulio dros bedwar ugain mlynedd yn Ffair Rhos. Bu farw yn 1964, ar drothwy ei phen-blwydd yn 102 oed.

Ym mis Medi 1958, a minnau ar fin gadael am y Coleg yn Aberystwyth, fe alwodd Mam-gu heibio gyda Beibl yn bresant i mi. Gofynnodd i Margaret, fy chwaer, gan fod ganddi lawysgrifen dda, ysgrifennu ar yr wynebddalen — 'Cofia dy Greawdwr yn nyddiau dy ieuenctid'. Ac mae'r Beibl hwnnw gen i o hyd.

Gwelodd golli mab a merch yn ifanc, gwelodd golli merch arall a dau fab yn hwyr yn ei bywyd, heb sôn am berthnasau agos eraill. Eto daliodd yn gadarn hyd y diwedd. Roedd ganddi gyfansoddiad anhygoel. A phan ddathlwyd ei phen-blwydd yn gant oed yn Neuadd Pantyfedwen ym Mhontrhydfendigaid, roedd hi yno ynghanol y miri.

Hyd yn oed yn ystod ei chyfnod olaf, yn ei gwely yng nghartre Anti Sarah yn Llambed, roedd ei meddwl hi mor glir ag erioed. Cofiaf, yn hwyr un noson, alw i'w gweld gyda chyfaill, Islwyn Benjamin. Doedd hi ddim wedi gweld Islwyn er pan oedd e'n blentyn bach. Eto i gyd fe'i hadnabu ar unwaith.

Ganwyd iddi hi ac Ifan nythaid o blant. Collwyd Dai yn y Rhyfel Mawr, a bu Maggie farw'n ifanc. Aeth pedwar mab — Siencyn, Wili, Ifan a Jac i'r Sowth, fel nifer eraill o fois Ffair Rhos. Yn y bryddest a enillodd iddo Goron Pwllheli yn 1955, fe ddisgrifiodd W J Gruffydd yr alltudiaeth hon o bobl ifanc yr ardal yn berffaith.

Ar lannau Teifi mae ffenestri'r trên
Yn symud-wingo'n araf dros y gors
Fel neidr risial. Cilia'r chwiban clir
Dros ael y Mynydd Bach ar dawel hwyr
I dragwyddoldeb y tu hwnt i'r môr
Gan adael ar ei ôl dawelwch hir
Megis y tawelwch marw pan aeth o'r fro
Wŷr ifainc yn y trên i wynfyd pell
Y 'Sowth', gan adael ar eu hôl
Ddiflastod chwerw.

I'w hen gynefin dir
Fe ddaethant hwy yn ôl ar ambell sgawt
I ddilyn arch perthynas tua'r pridd,
Ac i chwedleua ar brynhawn o haf
Uwch malltod a malurion magwyr lwyd.

Aros adre i ofalu am Mam-gu wnaeth Anti Jane — neu 'Jane Fach' i bobl Ffair Rhos. Byddai hithau yn galw'n aml yn ein tŷ ni. Ac fe gâi gryn hwyl, mae'n debyg, wrth fy ngweld i yn chwarae byth a beunydd yn nrôr bwrdd mawr y gegin, lle'r oedd pob math o drugareddau.

Yn ôl Mam, drôr rhyw seidbord neu'i gilydd oedd fy nghrud cyntaf pan own i'n faban. Ac Anti Jane a'i perswadiodd i chwilio am grud iawn i mi gan fy mod yn ei hatgoffa, yn y drôr, o blentyn mewn arch.

Roedd Anti Lizzie yn byw yn Nhregaron. Ac er iddi

golli braich mewn damwain, ni welwn i ddim yn wahanol ynddi i unrhyw un arall. Hynny, mae'n debyg, am iddi ddod dros ei hanhawster mor ddiffwdan. Byddai hithau'n ymwelydd cyson ar ei ffordd rhwng Tregaron a Ffair Rhos i weld Mam-gu ac Anti Jane.

Dim ond bob haf y byddwn i'n gweld Anti Winnie. Fe symudodd hi ac Wncwl Jac, gŵr o Lanbradach, i Lundain yn gynnar. Gan Anti Winnie roedd un o'r wynebau glanaf i mi ei weld erioed. Ac Wncwl Jac oedd y dyn cyntaf i mi ei glywed yn siarad Cymraeg gydag acen Cocni. Mae'r ddau yn dal yn Llundain, er bod Anti Winnie erbyn hyn dros ei 90 oed.

Anti Sarah, sy'n byw yn Llambed, fu fy hoff anti erioed. Yn un peth, byddwn wrth fy modd yn mynd gyda rhai o'm chwiorydd yn y bws i ymweld â hi, a chael prynu losin yn rhai o siopau Llambed. Yn ail, fe fûm i yn dipyn o ffefryn erioed gan Anti Sarah. Hynny'n rhannol, hwyrach, oherwydd fy enw. Talfyriad o 'Llywelyn' yw Lyn. Fe'm bedyddiwyd yn Morgan Llywelyn — Morgan ar ôl fy nhad, a Llywelyn ar ôl gŵr Anti Sarah.

Mae'n rhyfedd, efallai, fy mod i'n gwybod cymaint mwy am deulu Mam nag am deulu Nhad. A dweud y gwir, fyddai Nhad ddim yn sôn rhyw lawer am ei deulu. Ond y rheswm pennaf yw'r ffaith nad yw Ffair Rhos ond taith i fyny'r rhiw o Bontrhydfendigaid.

Ac mae'n deimlad rhyfedd. Er mai yn y Bont y ganwyd fi, rwy'n teimlo bod fy ngwreiddiau rhywfodd ym mawnog Ffair Rhos yn hytrach nag yn nhir cochach llawr gwlad.

Wn i ddim i ba raddau y mae amgylchedd yn llunio

cymeriad rhywun. Ond yn sicr roedd gwahaniaeth mawr rhwng natur Mam a Nhad, er bod y ddau yn hanu o ardaloedd digon tebyg. Ond tra oedd Mam yn dawel ac yn amyneddgar, byddai Nhad yn medru tanio fel matsien.

Cofiaf yn dda, a minnau'n blentyn, wneud y camgymeriad dybryd o grybwyll un noson fod un o'm dannedd yn siglo. Penderfynodd Nhad, ar unwaith, fod yn rhaid cael y dant allan. Gafaelodd ynof rhwng ei benliniau a gwasgodd y dant, ac yna'i rwygo allan, yn gwbl fyddar i'm protestiadau dagreuol. Yna, mewn osgo fuddugoliaethus, dyma fe'n dal y dant i fyny.

'Dyna ti,' medde fe, 'chymerodd hi ddim eiliad. A chest ti ddim dolur, do fe?'

Ond roedd 'na un broblem fach — roedd Nhad wedi tynnu'r dant anghywir. A dyna pryd y gwnes i fy ail gamgymeriad y noson honno. Fe ddwedais hynny wrtho. A phan ddeallodd hynny, aeth ati ar ei union i dynnu'r un go iawn.

Ef fyddai'n torri fy ngwallt hefyd. Ni fyddai'n meddwl am ofyn i mi symud fy mhen y ffordd yma a'r ffordd acw i hwyluso'r gwaith. O, na. Yn hytrach byddai'n pwtio fy mhen yn galed â migwrn un o'i fysedd, a'r migwrn hwnnw'n lwmpyn caled, yn dilyn damwain wrth newid spring ei hen Austin 7.

Roedd e'n falch iawn o'r ffaith iddo esgyn o fod yn ddyn yr hewl i fod yn arolygwr ffyrdd. Nid ymffrost oedd hyn ond balchder gwirioneddol bod dyn cyffredin fel ef wedi llwyddo i wella'i safle mewn bywyd. Roedd llunio'r weithlen ddyddiol yn ddefod bwysig iddo. Cymerai amser gyda'i ysgrifennu, yn union fel petai pob gair yn sanctaidd. Yna, bob yn awr ac yn y man, codai ei ben o'r papur i ofyn i mi sut oedd sillafu'r gair hwn neu'r gair acw. Byddwn innau'n ei ateb. A'i ymateb ef, yn ddieithriad, fyddai —

'Wyt ti'n siŵr, nawr?'

Wnâi dim byd roi mwy o bleser iddo na dod adre i de ar brynhawn dydd Mercher unwaith y mis, gyda'r prif arolygwr, Norman Hinde. Bryd hynny, câi bwrdd y gegin ffrynt ei hulio â'r lliain bwrdd gorau. Hwn fyddai ei uchafbwynt misol.

Cadw yn y cefndir wnâi Mam gan amlaf. Ond y tu ôl i'w thawelwch roedd yna gadernid cymeriad. A medrai fod yn ddoniol iawn, a'r doniolwch hwnnw, ar brydiau, yn ddoniolwch anfwriadol.

Cofiaf un diwrnod Etholiad Cyffredinol, a Nhad a Mam newydd ddychwelyd o'u pleidleisio yn yr ysgol gynradd. Y ddau ymgeisydd oedd Roderick Bowen ar ran y Rhyddfrydwyr ac Iwan Morgan ar ran Llafur. Roedd Nhad wedi siarsio Mam i bleidleisio i Lafur, wrth gwrs, ac uwch paned o de ar ôl dod adre, dyma fe'n ceisio cael sicrwydd gan Mam iddi osod y groes gyferbyn â'r enw iawn.

'Do, do,' medde Mam, 'fe rois i'r groes gyferbyn â'r enw top, a fe wasges i'r pensil gymaint nes i'w flaen e dorri.'

'Fenyw yffarn!' ebychodd Nhad. 'Chi wedi foto i'r blydi Libral!'

Fe gawn fynd yn y car yn aml gan Nhad ar ei deithiau o gwmpas Tregaron. Yr hen Austin 7 â'r rhif EMK 12 fedra i gofio orau. Bu Nhad mewn damwain ddrwg yn hwnnw ar Bont Einion ger Tregaron. Difrodwyd y car yn llwyr a phrynodd A30 o'r math diweddaraf, a hwnnw oedd yr unig gar i mi ei yrru erioed. Yn ddiweddar deuthum o hyd i'r dderbynneb oddi wrth Hugh Morgans, Central Garage, Tregaron, a phris y car yn llawn, ar Fawrth 3ydd 1954 oedd £484 4s. 2d.

Wrth deithio gyda Nhad fe gyfarfyddwn â phob math o gymeriadau. Y mwyaf, er na wyddwn hynny ar y pryd, oedd Jac Bwlch-ffin, gŵr a dyfodd yn chwedl yn ardal Tregaron. Gwnaeth ei atebion parod ef yn rhyw fath o Bill Shankley ei gyfnod.

Y cyfan fedra i gofio amdano yw fod ganddo lygaid tro. A bu'r rheiny yn destun un stori dda amdano tra oedd yn gweithio yn Nantstalwyn. Fel Jac, roedd gan Edwards ei feistr hefyd lygaid tro, ac un dydd, wrth iddynt ddod rownd talcen y tŷ o wahanol gyfeiriadau aeth y ddau ar draws ei gilydd.

'Damio di, Jac,' meddai Edwards, 'edrych lle 'ti'n mynd.'

'Chware teg nawr, bos,' meddai Jac, 'cer di'r ffordd ti'n edrych.'

Mae sôn amdano wedyn yn crafu o dan ei gesail ar sgwâr Tregaron ac yn tynnu allan ddwy chwannen ar gledr ei law. Fe neidiodd un i ffwrdd.

'Gilti, myn yffarn i,' meddai Jac, gan osod y llall yn ôl dan ei gesail.

Ond y stori orau amdano yw honno pan oedd bois yr hewl wrthi un dydd yn eistedd ar y clawdd yn trafod y rhyfel. Dyma Jac, ar ei ffordd i siopa i Dregaron, yn ymuno â nhw.

'Beth yw'r testun, bois?' gofynnodd Jac.

'Rhyw feddwl ydyn ni be' wnaen ni â Hitler petaen ni'n ei ddal e,' meddai un o'r bois.

'O, digon hawdd,' meddai Jac. 'Fe fyddwn i'n ei stwffio fe mewn i'r injan tshaffo, a'i tshaffo fe'n fân.'

'Ond Jac,' meddai un o'r bois, 'fe fydde hynny'n farwolaeth rhy gyflym iddo fe.'

'Ddim o gwbwl,' meddai Jac, 'dim ond câl un o fois yr hewl i droi'r handl.'

Ymddeol o'i waith heb fod ganddo unrhyw ddiddordeb arall i ymgymryd ag ef a laddodd fy Nhad. Yn 69 mlwydd oed fe ddioddefodd bwl ar y galon. Ac er iddo wella o'r trawiad cyntaf, cafodd ail drawiad, a bu farw ym mis Awst 1962.

Cafodd ei daro'n wael wythnos cyn Eisteddfod Genedlaethol Llanelli, lle'r oeddwn i fod i gymryd rhan yn un o ddramâu J R Evans, *Y Cardotyn*. Gyda Nhad mor wael, aeth y cynhyrchydd, Gwynne Hughes Jones, ati i chwilio am rywun arall i berfformio. Ond gyda Nhad yn gwella, addewais y gwnawn gymryd rhan. Yna bu farw ar y diwrnod cyn y perfformiad.

Dymuniad Mam oedd i mi fynd i Lanelli am mai dyna fuasai dymuniad fy Nhad. A mynd a wneuthum, er i'r profiad fod yn hunllefus. Pan gaeodd y llenni disgynnais yn swp ym mreichiau Gwynne.

Bu colli Nhad yn sioc fawr. Wedi'r cyfan, o'r ddau riant, Mam a fu'n clafychu ar hyd y blynyddoedd. Prin iawn yw'r adegau y medraf ei chofio hi'n holliach.

Byddwn yn treulio oriau yn stafell wely Mam yn gwrando ar ei straeon. Pan own i'n blentyn, byddwn yn dringo, bob bore, i'w gwely ar ôl i Nhad godi i fynd i'r gwaith. Ac yno cawn faldod, stori a chân. Wnaeth Mam erioed osod llaw arnaf wrth fy ngheryddu. A dweud y gwir, dim ond unwaith erioed fedra i gofio Nhad yn rhoi clatshen i mi, ac un ddigon diniwed oedd honno. Fy mhechod, un nos Wener, fu gwrthod mynd i'r Seiet.

Ond fe dderbyniais un cerydd gan Mam pryd y buasai'n well gen i petai hi wedi fy nghlatsio'n ddu-las. Fe gofiaf yr achlysur tra byddaf byw.

Fe ddigwyddodd adeg haf 1957, yr haf pan gefais waith gyda'r Comisiwn Coedwigaeth. Ar ddiwedd yr wythnos gyntaf fe dderbyniais ddeg punt o gyflog. Swm anhygoel. Roedd Mam yn ei gwely pan ruthrais i fyny'r grisiau a rhedeg i'w stafell gyda phum punt — hanner fy nghyflog — yn fy llaw. Teimlwn mor falch wrth ei gyflwyno iddi.

Ond troi arna i wnaeth Mam, gan edliw i mi'r ffaith fod pob un o'r plant, ar wahân i mi, wedi rhoi ei becyn cyflog cyntaf yn gyfan iddi. Tasgodd y dagrau o'm llygaid. Dydw i ddim yn meddwl i mi gael mwy o siom yn fy mywyd. Un eiliad, mor falch. Yr eiliad nesaf yn cael fy sigo gan storm o ddagrau. Teflais y papur pumpunt arall ar y gwely a rhuthro allan.

Dyna, am wn i, pryd y brifwyd fi ddyfnaf erioed. Ond doedd hynny, wrth gwrs, yn ddim byd i'w gymharu â'r siom a achoswn i Mam, ymhen dwy flynedd, drwy wastraffu fy amser yn y Coleg.

Lleddfwyd ei siom ryw gymaint pan ddechreuais gael ambell jobyn ar y radio a'r teledu. A balchder mawr iddi fu genedigaeth Dylan, fy mab. Bob tro yr âi Jên a minnau a Dylan i'w gweld, yr un fyddai'r stori. 'Cha i ddim byw i'w weld e'n cael ei fedyddio . . . Cha i ddim byw i'w weld e'n mynd i'r ysgol fach . . .Cha i ddim byw i'w weld e'n mynd i'r ysgol fowr . . ' Ond do, diolch i Ragluniaeth, cafodd fyw i weld hynna i gyd.

Ond dirywio yn araf ac yn raddol wnaeth hi a marw ddechrau haf 1985 yn 89 mlwydd oed. A'r rhyfeddod, yn ystod ei dyddiau olaf, yw i bob crych ddiflannu o'i hwyneb gan ei adael mor llyfn ac mor lân â'r wyneb a gofiwn ganddi pan ddringwn i'w gwely yn blentyn am stori, cân a maldod . . .

'Be' sy'n gneud llwybyr, Mam?'

'Pam 'ti'n gofyn, bach?'

'Meddwl own i, meddwl pwy wnâth wneud llwybyr Bryngors drw'r Weun Galed?'

'Pobol. Pobol yn cerdded sy'n gwneud llwybyr. Pobol yn cerdded ar hyd y blynyddoedd wrth fynd o un man i'r llall.'

'Pwy odd y cynta i gerdded i Bryngors, tybed? Pwy wnâth ddechre'r llwybyr?'

Gadael y cwestiwn heb ei ateb, a dim yn tarfu ar y tawelwch ond clician gweill Mam a chri chwibanogl uwchlaw'r Waun. Ffenest dalcen stafell Mam oedd y lle gorau i weld y Waun Galed. Oddi yno medrwn ei gweld yn ei chyfanrwydd — y rhedyn yn ildio'u lle i'r brwyn islaw'r llwybr, a'r hanner erw o wellt a mieri rhyngddo a'n tŷ ni. Yr heter fyddai Mam yn galw'r darn hwnnw, oherwydd ei siâp.

'Ma' rhai yn gweud ma' angladd sy'n gwneud llwybyr. Os fydd angladd yn dilyn llwybyr, yna ma'r llwybyr 'na yn llwybyr am byth. Dyna be' ma' nhw'n weud.'

Mam yn gadael ei gwau am funud ac yn ymuno â mi wrth y ffenest a'i meddwl hi'n mynd 'nôl yn bell, bell. Finne'n cofio am angladd Tom Ty'n Coed. Ceffyl yn llusgo gambo, ac arch Tom yn gorffwys arni gyda sachau o wellt yn ei chadw'n ei lle. Jên a Meri Ty'n Coed yn dilyn gyda'r cymdogion a'r arch yn cael ei throsglwyddo i hers Huw Morgan ar fin y ffordd fawr.

Pan fyddai angladd yn araf basio'r tŷ, fe fyddai Mam yn tynnu'r llenni. Ond fe fyddwn i'n mynnu sbecian rhyngddyn nhw er mwyn cael cyfri'r ceir.

Angladd Ifan Lloyd, Dôl-yr-ychain yw'r cynta fedra i gofio; hynny, hwyrach, oherwydd natur ei farw. Croesi'r gors ar gefn ceffyl ar hyd y rheilffordd roedd Ifan pan drawyd ef gan drên. Ac mae'n rhaid fod rhywun o'n tŷ ni wedi bod yn yr angladd, waeth rwy'n cofio gweld y daflen a'r emyn 'Yn y dyfroedd mawr a'r tonnau' arni.

'Am ba ddŵr ma' fe'n sôn, Mam? Afon Fflur, falle? Ma' honno'n rhedeg i'r gors yn rhywle?'

'Nage, bach. Afon Ange . . . Afon Iorddonen. Ma' pawb yn gorfod croesi honno.'

'Fyddwch chi yn ei chroesi hi, Mam?'

'Bydda, bach. Rhyw ddiwrnod.'

'Jiw, Mam, cofiwch fynd â welintons.'

Ond fe aeth llygaid Mam i edrych yn bell unwaith eto. Er ei bod hi'n sbio allan dros y Waun Galed, fe wyddwn i nad oedd hi'n gweld y brwyn yn siglo fel tonnau yn y gwynt o gwmpas ynys y domen sbwriel a grewyd yn yr hen bwll mawn.

Mor debyg i fôr fyddai'r Waun ar ddiwrnod gwyntog. Y brwyn yn donnau gwyrddion a phlu'r gweunydd fel ewyn ar eu brig.

'Yn y-y dyf-roedd mawr a-a'r to-on-nau, Nid o-oes ne-eb a dde-il fy mhen . . .'

Mam yn canu. Fe fyddai hi'n canu neu'n mwmian llawer yn y dyddiau hynny. Emynau bob tro. Ac weithiau fe fyddem ni'n chwarae gêm — Mam yn chwarae rhythm emyn-dôn drwy daro blaen ei ffon ar y grât a finne'n ceisio dyfalu'r dôn.

'Tap tap-tap tap tap, tap tap-tap tap tap, tap tap-tap tap tap, tap-tap tap tap . . .

'Tôn y Botel' oedd honna. Fe gawn i 'Dôn y Botel' yn iawn

bob tro. Ac unwaith y cawn i'r ateb yn gywir fe fyddai Mam yn torri allan i ganu'r emyn.

' . . . Ond fy-y ann-wyl Bri-o-od Ie-e-su, A fu-u fa-a-rw a-ar y pren; Cy-fai-ill yw yn a-fo-on angau, Deil fy-y mhen i uwch y don; Go-olwg ar-no wna i mi ga-a-nu Yn y-yr a-afon ddo-ofon hon.'

'Oes 'na bont dros Afon Ange, Mam? Neu odi chi'n gorfod bracsi drwyddi?'

'Na, o's dim pont. Ond fydd dim rhaid i neb ohonon ni wlychu'n trâd. Fe fydd Iesu Grist yn ein cario ni drosti ar 'i ysgwydde.'

'Nefoedd, Mam, ma'n rhaid 'i fod e'n fachan cryf.'

Ond wnaeth Mam ddim ateb. Dim ond edrych allan dros y Waun, ac roedd yna ryw hen hiraeth yn ei llygaid hi, yr un olwg ag a ddeuai i'w llygaid wrth iddi siarad am Wncwl Dai a laddwyd yn y rhyfel.

'Mam.'

'Ie, bach.'

'Os ma' Afon Iorddonen yw Afon Ange, pam bod Iesu Grist wedi câl ei fedyddio ynddi? Wedodd Richard Rees yn Rysgol Sul ma fanny gadd Iesu Grist 'i fedyddio.'

'A ma' Richard Rees yn iawn. Dyna lle cafodd e i fedyddio. Ma' Afon Iorddonen yn gallu bod yn Ddyfroedd y Bywyd ac yn Afon Ange.'

'Yn Afon Iorddonen gawsoch chi'ch bedyddio, Mam?'

'Nage, bach. Yn y pwll bedydd ges i 'medyddio.'

'Ble? Yn y twll mowr 'na tu fas i Capel Baptist? Yn fanny gadd Tom 'i fedyddio. Fe gydiodd Mr John y Gweinidog ynddo fe a'i dipo fe dan y dŵr fel tae e'n dipo dafad. Yffach, gredes i bo' fe'n boddi. A wedyn, odd pawb yn canu 'Molwch yr Oen, Haleliwia'. A wedyn fe ddâth Tom mas o'r dŵr, a odd e'n crynu.'

'Dyna fel ma' Bedyddwyr yn bedyddio, tweld.'

'Dew, wi'n falch ma' Methodist odw i. A chi'n gwbod Sam

Defis, sy'n byw jyst nes lawr na Capel Baptist? Wel, ma' Sam yn beio'r Baptist am bod ei ardd e'n wael.'

'Shwd hynny, bach?'

'Wel, fe wedodd Sam wrth y Gweinidog am stopo arllwys dŵr o'r twll mowr lawr i'w ardd e. A fe ofynnodd Mr John pam. A fe wedodd Sam bod y dŵr yn golchi pechode'r rhai odd yn câl eu bedyddio, a bod y dŵr wedyn yn llawn pechode yn arllwys i'r ardd a lladd 'i blydi tatws e i gyd.'

Fe ddwedodd Mam wrtha i am beidio rhegi, ond rwy'n siŵr i fi weld rhyw wên fach yn dechrau lledu dros ei hwyneb hi cyn iddi droi i ffwrdd.

Edrych i lawr ar y Waun Galed, ar y man llyfn lle byddai Tom a minne'n chwarae ffwtbol a gweld sgwarnog yn pori yno'n llechwraidd. Hwyl fawr i ni fyddai neidio ar wâl sgwarnog a'i gweld hi'n rhedeg am ei bywyd.

'Nefoedd, sbia hi'n mynd, Tom.'

'Ma' hi'n mynd fel tae colsyn yn nhwll 'i thîn hi.'

Rholio chwerthin rhwng y brwyn wedyn cyn troi i chwilio'r domen am drysorau.

'Be' ti'n feddwl odd 'ma cyn i'r domen ddod?'

'Pwll mawn, wrth gwrs.'

'Ie, ond beth odd 'ma cyn y pwll mawn?'

'Mawn.'

'Ie, ond cyn hynny wedyn?'

'Yffach gols, paid gofyn i fi. Alla i ddim cofio mor bell 'nôl â hynny. Ond edrych, ma' John Gwndwn-gwine yn dod ar 'i geffyl. Os rhedwn ni, fe fyddwn ni yn y bwlch gwaelod o'i flaen e.'

Petawn i'n mynd i stafell Mam nawr ac edrych allan drwy'r ffenest dalcen fe fedrwn i weld y Waun Galed. Mae'r domen bellach wedi hen dyfu'n wyrdd ac mae ffordd newydd yn arwain o'r ffordd fawr ar draws y Waun tua'r maes carafanau ar Gae Marged. Mae hi'n torri'n union ar draws llwybr

Bryngors, llwybr na fedrodd angladd Tom Ty'n Coed nac angladd Marged ei hun ei gadw ar agor.

Ond mae'r brwyn siŵr o fod yn dal i donni yn y gwynt a'r plu gweunydd yn ewynnu ar eu brig. Ac os gwrandawa i'n astud, efallai y clywa i gân chwibanogl uwch y Waun.

Pennod 4

Y cyntafanedig ar aelwyd Bryngors oedd Jennie. Hi, felly, oedd yr un i aros gartre i helpu Mam i ofalu am y nythaid oedd i ddod. Rhyngddi hi, yr hynaf, a minnau, yr ieuengaf, mae ymron chwarter canrif.

Fe briododd Jennie, flwyddyn ar ôl fy ngeni, â William Jones o ardal Tynygraig, a phan anwyd Neli, y cyntaf o'u pedwar plentyn, fe ddaeth hi'n fwy o chwaer na nith i mi. Hi yw'r unig un o'r plant sydd wedi aros yn yr ardal, lle mae hi a'i gŵr, Selwyn, yn cadw'r fflam ddiwylliannol a chymdeithasol i losgi'n ddisglair.

Am Jennie a Wil, maen nhw wedi bod wrthi ers blynyddoedd bellach yn cadw tŷ capel y Methodistiaid yn y pentref, a gall pregethwyr o Fôn i Fynwy dystio i'w croeso a'u lletygarwch. Cyn hynny fe fu'r ddau'n byw ym Mwlch-y-gwynt, Ffair Rhos, lle ganwyd W J Gruffydd, ac ym Mhantclyd, un o'r ddau dŷ cyngor cyntaf i'w hadeiladu yn y Bont.

Fe gafodd Jennie brofiad o ysgol uwchradd, ond fe allasai fod wedi mynd yn llawer pellach yn addysgol oni bai am alwadau teuluol. Mae hi'n wraig hynod ddiwylliedig ac yn dipyn o fardd. Fe fu hi hefyd yn aelod blaenllaw o gwmni drama'r pentre, cwmni y cynhyrchai Moc Morgan iddo.

Fe fu am flynyddoedd hefyd yn ysgrifenyddes Eisteddfod Catherine James, a gynhelid yng nghapel Rhydfendigaid. Yng nghyfarfod y prynhawn, fi fyddai yng ngofal y drws. Daeth yr eisteddfod hon i ben pan lyncwyd hi gan Eisteddfodau Teulu Pantyfedwen 'nôl yn y chwedegau.

Nansi oedd yr ailanedig, gwraig ffraeth sy'n llanw'r tŷ â'i chwerthin bob amser.

Ar ôl gadael yr ysgol fach, bu Nansi'n gweithio yn siop Ty'n-yr-eithin ger Tregaron. Yna bu'n gweithio fel morwyn yn y Gwynfryn, Tregaron, cyn treulio cyfnod yn y gegin yng Ngholeg Llambed.

Fe'i cofiaf i hi gyntaf pan oedd hi'n gweithio yn y NAFFI yn Noc Penfro. Deuai adre â phob math o deganau a melysion i mi, ac mae'r teulu'n dal i edliw imi fod Nansi wedi fy nifetha i'n llwyr.

Am rai blynyddoedd bu'n gweithio fel condyctyr ar fysys Wil Lloyd, ar y daith rhwng y Bont a Llambed. Weithiau, ar nos Sadwrn, cawn fynd gyda hi i'r pictiwrs yn Llambed.

Drwy ei gwaith ar y bysys y cyfarfu â'i darpar ŵr, Ivan Dyer, a oedd wedi symud i ffermio i ardal Llanfair Clydogau. Ar ôl priodi, bu'r ddau yn byw ar fferm y Coleg uwchlaw Aberystwyth. Yna symudodd y ddau, gyda'u mab, Philip, i fyw i ardal Tre-saith, wedi i Ivan gael swydd yn y Sefydliad Awyrennau yn Aber-porth. Bellach mae wedi ymddeol ac mae ef a Nansi yn byw ym Mhen-parc ger Aberteifi, lle maen nhw wrth eu bodd yn garddio ac yn magu adar.

Dan, fy mrawd hynaf, oedd y trydyddanedig. Bu'n was fferm yn y Wernfelen ac yn Nhyn-y-coed, Llanilar, cyn cael swydd wahanol ar y tir gyda'r hyn a elwid yn 'War Ag' wedi'r rhyfel. Ei brif waith fyddai sychu corsydd a thrin tir a fuasai'n ddiffaith.

Mae'n rhaid i mi oedi mwy yng nghwmni Dan na'r un aelod arall o'r teulu gan i mi dreulio llawer o flynyddoedd fy ieuenctid yn ei gynorthwyo ar rownd laeth a rownd bapurau Sul, ac yn ei siop cigydd a groser.

Y rownd laeth oedd y baich mwyaf, er mai — neu, efallai oherwydd mai — ar y Sadwrn a'r Sul y byddwn i'n helpu Dan. Fe fyddwn i'n awyddus i orffen yn gynnar ar ddydd Sadwrn er mwyn cael mynd i gêm ffwtbol yn y prynhawn, neu fynd bant i Aber gyda ffrindiau. Ond dydd Sadwrn fyddai'r diwrnod talu, ac fe fyddai'n cymryd mwy o amser nag arfer. Doedd pethe ddim yn ddrwg yn yr haf, ond 'dyw poteli llaeth ddim mo'r pethe cynhesaf i'w trafod yn nhrymder gaeaf.

Am y rownd bapurau dydd Sul, byddai'n cymryd diwrnod cyfan i ni fynd o gwmpas. Nid ei bod hi'n rownd fawr. Ond byddai mynych sgyrsiau Dan â'r cwsmeriaid yn sicrhau na orffennem yn gynnar. Cychwyn cyn wyth am stesion Aber i nôl y bwndeli papurau, ac yna cychwyn ar y rownd ar waelod rhiw Trefriw, yng nghyffiniau Llanafan. Ac fe gofiaf yn dda un bore Sul, pan oedd yr hen fen Bradford yn gwrthod yn lân â dringo'r rhiw. Roedd rhyw nam ar y carbyretor a olygai na wnâi bwmpio petrol ar riw, felly bu'n rhaid i mi sefyll ar y bympyr blaen a phwmpio'r carbyretor â'm llaw tra oedd Dan yn gyrru'n hen fen, a honno'n tuchan, i fyny'r rhiw.

Byddem yn mynd yn ein blaenau drwy Dyn-y-graig ac Ystrad Meurig ac i fyny'r ffordd gefn am Ffair Rhos. Yna i lawr i'r Bont a chael toriad am ginio. A doedd neb fel Gwen, gwraig Dan, am wneud cinio dydd Sul.

Yna, ddiwedd y prynhawn, fe ddechreuai rhan ddiddiwedd y rownd. Cychwyn yn Swyddffynnon, a Dan yn treulio o leiaf hanner awr yn sgwrsio â Wil Ty'n Banadl. Ymlaen am y Berth, ac yn Nhy'n Berth, hanner awr arall o sgwrs. Yna yn ôl am y Bont ar hyd ffordd Tregaron. Ac ar ein galwad olaf, yn Nôl-yr-ychain, fyddai sgwrs o awr gyda Mrs Lloyd a'i mam a Gwilym y gwas yn ddim byd. Fel arfer byddai'n tywyllu erbyn i ni gyrraedd adre, ond byddwn, erbyn hynny, wedi darllen pob papur, cylchgrawn a chomic yn y fen.

Yr un fyddai natur Dan yn y siop. Cadwai ar agor tan berfeddion nos. Yno y byddai llawer o fechgyn y pentref yn cyfarfod ar ôl stop tap, a byddai miri diddiwedd yno. Betio â Thwm Plas-y-ddôl na allai fwyta tún o gig mewn dwy funud heb i Twm druan sylweddoli mai tún o fwyd cath oedd dan sylw. Betio wedyn â Thwm Glangors-fach na allai hwnnw yrru i Dregaron ac yn ôl mewn deng munud. Hwnnw, yn ei Triumph, yn cychwyn o ben arall y pentref i fagu sbîd, a'r car yn codi'n glir wrth fynd dros y bont ar ei ffordd i ennill ei fet. Ond yn amlach na heb, erbyn iddo gyrraedd 'nôl, byddai Dan a'i gwsmeriaid wedi mynd adre a'r siop dan glo.

Un felly oedd Dan. Cellweiriwr, sgwrsiwr, dynwaredwr a dyn annwyl iawn. Pan fu farw o'r cancr yn 1986, nid ni, aelodau'r teulu, oedd yr unig rai i weld ei golli.

Roedd Gwen, ei wraig, eisoes wedi marw, a Dan fel

pe bai'n dechrau ailgydio yn llinynnau ei fywyd wedi iddo droi at ffermio Penddol-fawr. Ac roedd Carys, ei wyres fach, fel cannwyll ei lygad.

Dai oedd y pedwerydd o'r plant ac, yn ôl rhai, ef oedd y cymeriad mwyaf. Gadawodd yr ysgol gynradd yn bedair ar ddeg oed i wasanaethu ar fferm Pantyfedwen, yna yn Nhŷ-gwyn, ac wedyn yn Y Derlwyn yn Nhregaron. Ond byddai'n dianc adre o bobman.

Yna ymunodd â'r Awyrlu am gyfnod cyn symud i Gasnewydd fel crefftwr mewn gwaith peirianyddol. Yno y cyfarfu â Doreen, ei ddarpar wraig.

Cafodd Dai gyfnod o salwch drwg. Dioddefai o glwy ar y croen, *psoriasis*, a bu gartre gyda ni am rai misoedd yn clafychu. Ond cofiaf iddo ddod â gramaffôn gydag ef, un fawr fel cwpwrdd, ac ar honno y byddwn i'n gwrando ar recordiau Steve Conway.

Gwellodd yn rhyfeddol o dda a symud, gyda'r teulu, i Bengraig-lan yn Ystrad Meurig, cyn mynd i weithio fel peiriannydd mewn melin lif yn Llambed.

Dyn moto-beics oedd Dai, ac roedd ganddo'i foto-beic-a-seidcar ei hun. Chofia i ddim beth oedd y moto-beic, ond Watsonian oedd y seidcar. Cawn aml i reid ganddo — Mam yn fy siarsio i deithio yn y seidcar, ond unwaith y byddem allan o olwg y pentre byddai Dai yn stopio i roi cyfle i mi ddringo ar y sgîl.

Dai oedd y cyntaf ohonom ni'r plant i gael ei gipio gan angau. Bu farw'n sydyn tra'n disgwyl cael gweld y meddyg yn y feddygfa yn Llambed yn 1983. Ffrwydrodd prif wythïen yn ei frest a bu farw ar unwaith. Bellach mae Dai yn gorwedd ym Mynwent Ystrad Fflur, bron iawn yng ngolwg Pantyfedwen, lle cychwynnodd weithio. Nid nepell oddi wrtho, mae bedd Dan a Gwen, a bedd Nhad a Mam.

Mae Evan, neu Ianto, yn un o dri sy'n dal i fyw yn yr hen gartref yn y Bont. Gadawodd yntau'r ysgol fach yn bedair ar ddeg oed i fynd i weithio fel gwas yn y Wernfelen. Ac er mai dim ond rhyw bedwar lled cae oedd rhwng y fferm a'r cartre ym Mryngors, byddai'n cysgu yn y Wernfelen. Ei gyflog, fel gwas bach, oedd deuddeg punt y flwyddyn, ynghyd â'i fwyd a'i wely. Enillai Dai Bryngors, a oedd yn byw drws nesa, £26 y flwyddyn fel gwas mawr.

Symudodd Ianto yn ddiweddarach i wasanaethu ym Mlaenglasffrwd ar ucheldir Tywi Fechan. Yno hefyd byddai'n cysgu bob nos, ond câi ddod adre bob yn ail Sul.

O Flaenglasffrwd aeth yn was i fferm y Llidiardau ger Llanilar, cyn troi at ddysgu crefft masiwn, neu saer maen, gyda chwmni John Hughes yn Nhregaron. Datblygodd i fod yn grefftwr arbennig o dda cyn ymddeol yn gymharol ddiweddar. Bellach mae'n mwynhau ambell gêm o bowls neu pŵl tra'n treulio'r hoe y mae'n ei llawn haeddu.

Fel Ianto, mae John, y nesaf o'r plant, yn dal i fyw yn Heulfryn. Aeth ef ymlaen i'r ysgol sir cyn cael swydd yn y swyddfa bost a fferyllfa Tregaron, ac yna yn y Co-op yn Aber.

Fel Dai, dewisodd fynd i'r Awyrlu, a bu allan yn Awstria am gyfnod, yn union wedi diwedd y rhyfel.

Cofiaf yn dda un diwrnod yn Nhregaron, a minnau yn llaw un o'm chwiorydd, weld ci bach du — nid un go iawn, wrth gwrs — yn ffenest Siop Dop. Roedd yn rhaid i mi gael y ci bach, ac ofer oedd esboniad fy chwaer mai ci ar gyfer hysbysebu rhywbeth neu'i gilydd oedd yn y ffenest ac nad oedd unrhyw fodd ei brynu. Bûm yn crio'r holl ffordd adre. Ac yna'r bore wedyn — gwyrth. Roedd John wedi danfon ci bach tebyg i mi'n bresant o Awstria.

Ar ôl dychwelyd o'r Awyrlu bu John, fel Dan, yn gweithio gyda'r 'War Ag' cyn cael swydd fel un o fois yr hewl. Yn ddiweddarach, etifeddodd yr union swydd a fu'n eiddo Nhad. Bu yn y swydd honno hyd ei ymddeoliad cynnar yn gymharol ddiweddar.

Ei ddiléit mawr ef yw gwaith coed ac mae'n grefftwr heb ei ail. Ac yn wahanol i rai ohonom — fi a Ianto yn arbennig — mae e'n fachan hynod amyneddgar.

Mary oedd y nesaf. Cafodd hithau'r fantais o gael mynd ymlaen i astudio yn yr ysgol sir a chafodd swydd yn y gyfnewidfa deliffôn yn Aberystwyth. Tra oedd yno cyfarfu â Denny Horn, morwr o Luton ar long a oedd ar ymweliad ag Aberystwyth. Priododd y ddau a symudodd Mary gyda Denny i fyw yn Luton, lle ganwyd iddynt ddau fab.

Deuai'r teulu i lawr atom am bythefnos o wyliau bob haf, achlysur y byddwn yn edrych ymlaen yn eiddgar ato. Ond stori arall fyddai bore'r ffarwelio. Byddwn yn crio am oriau wedi iddynt fynd.

Ymhen blynyddoedd wedyn cafodd Jên, Dylan a minnau gyfle i dreulio gwyliau gyda nhw yn Luton. Yna, daeth y cancr i fylchu'r teulu unwaith eto. Dioddefodd Mary nychdod hir cyn marw yn 1987, ac rwy'n diolch i Dduw na wnes i ei gweld hi yn ei salwch olaf. Fe fedraf, o leiaf, ei chofio hi'n llawn iechyd a hwyl; yr addfwynaf o wragedd.

Yn Luton y cynhaliwyd ei hangladd ac yno y claddwyd ei llwch wedi'r amlosgi. Ond fe hoffwn gredu bod rhan o'r llwch hwnnw wedi ei chwythu ar y gwynt tuag Ystrad Fflur.

Beti oedd y nesaf, a hi yw'r trydydd o'r drindod sy'n dal i fyw yn y cartref. Yn wir, ychydig iawn o amser dreuliodd Beti oddi cartref. Bu'n gweithio am gyfnod yng nghaffi Wards yn Aberystwyth cyn cael ei galw'n ôl i ofalu am Mam. Bu Mam yn glaf am ymron hanner ei bywyd. Fe'i câi hi'n anodd cerdded a rhaid fyddai ei chynorthwyo i ddod lawr o'i stafell wely i'r stafell ffrynt ar y llawr gwaelod. Ac am tuag ugain mlynedd olaf ei bywyd, bu'n gaeth, mwy na heb, i'w gwely.

Ar Beti y disgynnodd y baich o ofalu am Mam a'r aelodau o'r teulu oedd yn byw gartref. Ac fe wnaeth hynny yn ddirwgnach er iddi aberthu blynyddoedd gorau ei bywyd. Golygai anabledd Mam na fedrai Beti hyd yn oed fynd i lawr i'r pentre i fwynhau ambell ddrama neu steddfod. Yn wir, roedd y tŷ yn gymaint carchar iddi hi ag i Mam. Ac o ran cynnal y cartref, Beti oedd y penteulu.

Gwelodd Beti frawd ar ôl brawd a chwaer ar ôl chwaer yn priodi ac yn gadael cartre. Eto ni chwerwodd. Ac mae'n dal i gynnal y cartref mor weithgar ac mor gydwybodol ag erioed. Os oes rhywun yn haeddu nefoedd, Beti yw honno.

Bu Kitty, y chwaer nesaf, yn cydweithio â Beti yn Wards yn y cyfnod cynnar. Yna bu'n gweithio am gyfnod yn siop Cardigan House yn Aber ac yn siop y

Crown yn Llambed, cyn dilyn Nansi fel condyctyr ar fysys Wil Lloyd.

Cyfarfu â gŵr o Lambed, Islwyn Thomas, a'i briodi a bu'r ddau yn cadw tŷ capel Penybont ger Tre-lech am gyfnod, cyn symud i gadw tŷ capel Heol Awst, Caerfyrddin.

Yna symudodd y ddau, gyda'u mab a'u merch, i Lanilar. Bu Islwyn yn gweithio gyda'r Co-op cyn cael swydd fel porthor yn y Coleg, lle mae e'n gweithio o hyd.

Un o nodweddion Kitty yw ei llais. Mae hi'n gantores arbennig o swynol ac fe allasai fod wedi mynd yn bell o gael yr hyfforddiant iawn.

Os gallasai Kitty fod yn gantores, fe allasai Gwen, y nesaf, fod wedi gwneud actores dda. Bu'n aelod o wahanol gwmnïau lleol ac roedd sglein ar ei pherfformiadau bob amser. Fe'i cofiaf hi'n dda yn chwarae'r brif ran yn *Nora Plas-y-Foel*, drama a fu ar daith ar hyd a lled Dyfed. Chwaraeodd hefyd y brif ran yn *Rwsalka*, a enillodd y brif wobr yng nghystadleuaeth ddrama'r Clybiau Ffermwyr Ifanc.

Pan adawodd Gwen Ysgol Sir Tregaron, aeth yn ôl yno ar ei hunion fel ysgrifenyddes i'r prifathro, D Lloyd Jenkins, a meddyliai'r byd ohono. Bu yno am flynyddoedd nes priodi Keith Tyte, a ddaeth i ardal y Bont o Reading fel myfyriwr yng Ngholeg Ystrad Meurig ac yna Coleg Llambed.

Mae'r ddau wedi byw am flynyddoedd mewn rhannau o Went lle bu Keith yn gwasanaethu fel ficer. Mae e bellach yn Ganon ac mae'r ddau yn paratoi am eu hymddeoliad yn ôl yn y Bont, mewn tŷ newydd sy'n cael ei godi ym ymyl Heulfryn.

Margaret, neu Magi, oedd y nesaf, a'r cyntaf o'r plant i gael mynd i goleg o unrhyw fath. Gadawodd Ysgol Sir Tregaron am Goleg Hyfforddi Abertawe, lle bu wrth draed Mati Rees.

Magi, yn hytrach nag unrhyw athro ysgol, a agorodd fy llygaid gyntaf i feirdd fel Dylan Thomas a Gerard Manley Hopkins. Pan ddeuai hi adre byddwn yn pori drwy ei ffeiliau ac yn mynd ymlaen i ddarllen gwaith y gwahanol feirdd y cyfeiriai atynt.

Ar ôl gadael y coleg, aeth i ddysgu yn Llundain ac yna yn Luton, lle'r oedd Mary eisoes yn byw. A phan fu farw Mary, mae'n rhaid gen i fod yr ergyd wedi bod yn drymach i Magi nag i unrhyw un ohonom.

Mae Magi yn dal i fyw yn Luton lle mae hi a'i gŵr, Brian, Cymro o'r de, yn athrawon. Daw'r ddau i aros yn rheolaidd i Heulfryn, adeg gwyliau.

Ym Mhontyberem mae Hetty, y nesaf ataf fi o ran oedran, yn byw. Gadawodd hi Ysgol Sir Tregaron i weithio yn Siop Dop, Tregaron, cyn cael swydd fel ysgrifenyddes yn garej Cwm-ann. Bu yno am flynyddoedd cyn priodi â Tim Colman, gŵr o ardal Talacharn.

Mae'n rhaid bod fy ngenedigaeth i wedi cael llawer o effaith andwyol ar Hetty. Wedi'r cyfan, cyn hynny hi fyddai'n cael y prif sylw. Ond wnaeth hi ddim dangos unrhyw eiddigedd tuag ataf erioed. Mae Hetty yn un o'r eneidiau prin hynny sy'n edrych yn hapus a didaro bob amser, waeth sut mae hi'n teimlo. Mae hi'n gymeriad ffeind iawn ac yn gwbl onest ac agored.

Yn gymharol ddiweddar fe gychwynnodd ar hobi o gasglu a sychu blodau a'u gosod ar gardiau cyfarch, ac mae hi wedi datblygu yn gryn grefftwraig. A thra mae hi wrth ei blodau mae Tim wrth ei fodd gyda'i golomennod.

Yr oedd un plentyn arall na soniais amdano — Tom — a fu farw'n faban bach.

Peth da, mewn mwy nag un ffordd, oedd y ffaith i gynifer fynd ati i weithio mor ifanc. Ar un llaw, deuent â chyflogau i'r aelwyd. Ac ar y llaw arall, buasai wedi bod yn amhosib i deulu o bedwar ar ddeg fyw ar yr un pryd ym mwthyn pedair stafell Bryngors.

Yn 1936 yr aeth Nhad ati i godi tŷ newydd. Prynodd y safle, ym mhen ucha'r Waun Galed, oddi wrth Morgan Jones, Wernfelen, am ugain punt.

Codwyd y tŷ naw stafell â blociau siment wedi eu gwneud gan ddau beiriant pwrpasol ar y safle. Ar y naill gwnaed y blociau mawr, ar gyfer y prif waliau. Ac ar y llall gwnaed y blociau llai ar gyfer y waliau mewnol.

Fy mrodyr, gyda'r nos ac ar Sadyrnau, a fu'n gyfrifol am lunio'r blociau. Ar ddiwrnod da medrent lunio hyd at gant o flociau. Y gwaith caletaf, wrth gwrs, fyddai cymysgu'r siment. Gwaith rhaw i gyd. Wedyn fe agorid ochrau'r peiriant, a oedd ar ffurf bocs metel, a gosod plât ar waelod y bocs. Yna, o ollwng yr handl, byddai'r ochrau'n cau ac yn ailffurfio bocs. Llenwid y bocs â siment ac yna agor y bocs unwaith eto a thynnu allan y blocyn gwlyb ar y plât a'i adael i sychu.

Ar gyfer codi'r tŷ fe luniwyd, yn ôl fy amcangyfrif i, ymron 2,500 o flociau ar gyfer y gragen allanol yn unig, heb sôn am y blociau llai ar gyfer y waliau mewnol a'r blociau ar gyfer y tai allan.

Prynodd Nhad y drysau a'r ffenestri'n ail-law o adeiladau hen waith mwyn plwm Cwmystwyth, a chariwyd y tywod o lan afon Ystwyth yng Ngro Gwynion.

Crefftwyr lleol fu'n gyfrifol am yr adeiladu — David Roderick a Dafydd Hughes oedd y masiyniaid a Dafydd Jenkins, Ffair Rhos, oedd y prif saer, gyda William Cadwgan Thomas yn ei gynorthwyo. Cafwyd hefyd gymorth parod rhai o bobl yr ardal, yn arbennig rhai o gydweithwyr Nhad ar yr hewl — Dafydd Evans, Tommy Jones a Tom Evans, Pencreigiau.

Mae'n anodd amcangyfrif y gost gyflawn o godi Heulfryn, ond cred Ianto, fy mrawd, mai tua £300 a gostiodd y llafur.

Ar gyfer cyflenwad dŵr, suddodd Nhad ffynnon ddofn y tu ôl i'r tŷ a chysylltu pwmp wrthi. Ymhen ychydig flynyddoedd gosodwyd pibau dŵr drwy'r tŷ, a rhaid oedd i bawb gymryd eu tro i bwmpio'r dŵr i fyny i'r tanc dŵr oer ar y llofft.

Fedrai neb fod wedi cael gwell plentyndod na f'un i yn Heulfryn. Er nad oedd gen i frawd na chwaer oedd yn ddigon ifanc i chwarae gyda mi, roeddwn i'n gwbl fodlon yn llunio fy nefoedd fach fy hun. Pan na fyddai'r tywydd yn caniatáu mynd allan i chwarae, roedd digon o siediau i chwarae ynddynt gan gynnwys y dowlod, lle cedwid gwair. Yn y tŷ gyda'r nos, ar wahân i deganau di-ri, roedd llond cwpwrdd o lyfrau o bob math — anturiaethau, barddoniaeth, gwyddoniaduron. Popeth y medrai plentyn, neu yn wir oedolyn, ei ddymuno.

Rhoddai fy rhieni bwyslais mawr ar addysg. Prynodd y ddau gyfres *The New Book of Knowledge*, yn cynnwys dwsin o gyfrolau ar bob pwnc dan haul. Mae'r rheiny gen i o hyd ac yn dal i fod yn hynod ddefnyddiol.

Ond allan y mynnwn i fod. Roedd gen i feic tair olwyn a ddefnyddiwn fel tractor i dynnu cert bach, a threuliwn oriau arno. Ac rwy'n cofio i Dai fy mrawd adeiladu cert ar ffurf car modur i mi. Pan oedd e'n gweithio yng Nghasnewydd daeth adre un diwrnod gyda chasgliad o daclau fel morthwyl, llif, pinsiwrn ac yn y blaen, mewn bocs metel o'i wneuthuriad ei hun i mi.

Ac mae'n rhyfedd fel mae hanes yn ei ailadrodd ei hun. Dros ddeng mlynedd ar hugain yn ddiweddarach, dyma John fy mrawd yn rhoi presant yn union yr un fath i Dylan. Yr hyn a wnaeth Dylan un dydd oedd cymryd y llif fechan a mynd ati i geisio llifio plwg trydan. Y cyfan glywodd Jên a minnau oedd ffrwydrad, a Dylan yn cael ei daflu'n bendramwnwgl i'r gornel. Yn ffodus, carn pren oedd i'r llif neu fe fyddai wedi cael anaf drwg iawn.

Gyda chymaint o deulu, fyddwn i byth heb ryw degan newydd neu losin. Dyna'r fantais o fod yn aelod o deulu mawr. Ac yn wahanol i'm brodyr a'm chwiorydd, welais i ddim eisiau unrhyw beth.

Do, fe fûm yn ffodus tu hwnt. Pan fyddai angen cwmni roedd Neli, merch Jennie, fy chwaer, yn gwmni da i chwarae. Yna, o dyfu ychydig yn hŷn a chael cwmni Tom Bryngors, fe agorodd y byd o'm blaen, a hwnnw'n fyd diffiniau. Ymestynnai byd Tom a minnau o Fanc Gilfach-y-dwn Fawr i lawr i Goed Twyn a Chwm Bach, drwy Gors Wernfelen i'r Cae Ffrynt a'r Cae Bac, y Waun Galed ac, wrth gwrs, Cae Marged. Ac ni châi plant y pentre fod yn rhan o'n byd bach ni. Roedd e'n fyd preifat, cyfriniol, yn llawn adar ac anifeiliaid, a ninnau mewn cytgord llwyr â natur.

Yn ogystal ag anifeiliaid gwyllt, fe chwaraeodd anifeiliaid anwes ran bwysig yn fy mhlentyndod. Fedra i ddim cofio aelwyd Heulfryn heb fod yno gi. Ac am ryw reswm, mae gan y teulu draddodiad o gadw corgwn Sir Aberteifi. Y cynta fedra i gofio yw Teifi, er mai brith gof sydd gen i amdani. Yna daeth Kim a dau neu dri o wahanol gorgwn eraill, yn eu tro.

Ond mwngrel oedd y cymeriad mwyaf, ci a roddwyd i Nhad a Mam tra oedden nhw yn Llanelli yn ymweld ag Wncwl Jac ac Anti Mair. Roedd Bonzo wedi pechu droeon drwy ddwyn cig oddi ar gownter y cigydd lleol. Felly, roedd yn rhaid ei waredu neu ei roi i ffwrdd.

Adre atom ni y daeth e, ci melyn gyda chynffon gyrliog. Diawl mewn croen, os bu diawl erioed. Doedd yr un gath yn yr ardal a fedrai ei wynebu. Ac ni welwyd erioed grwydryn tebyg. Fe gerddai filltiroedd, ond medrai adnabod sŵn car Nhad o bellter. Pan glywai'r car yn dynesu, cymerai arno fod yn gloff, er mwyn i Nhad ei godi. Yna, wrth i Nhad yrru heibio iddo byddai'n carlamu ar ôl y car, a'i gloffni wedi'i iacháu'n wyrthiol.

Byddai'n mynd yn aml gyda'r nyrs leol, Sally Davies, pan âi honno ar ei rownd o gwmpas yr ysgolion. Roedd pawb yn ei adnabod.

Roedd Bonzo dros ei bymtheg oed pan fu farw. Ond

cafodd fwy nag un bywyd. Flwyddyn neu ddwy cyn iddo farw daeth Nhad i'r tŷ yn dorcalonnus.

'Ma'r hen gi wedi marw,' meddai'n drist. 'Mae e'n gorwedd ar lawr y garej, a rwy wedi towlu sach drosto fe.'

Fel roedd Nhad yn torri'r newydd trist, pwy gerddodd i'r tŷ ond Bonzo.

Ni chafwyd erioed waeth ci gwarchod. Dilynai unrhyw gardotyn am filltiroedd ac fe fyddai aml gardotyn neu grwydryn yn galw yn ein tŷ ni. Chafodd neb erioed ei droi o'r drws heb frechdan a llond can o de berwedig.

Mae gen i gof plentyn am Dafydd Jones o Fwlch-llan, a wthiai ei gert i bobman. Crwydryn oedd Dafydd, nid cardotyn. Ac roedd e'n ddyn diwylliedig tu hwnt. Roedd e'n dipyn o fardd, ac ymhlith pethau eraill, cyfieithodd eiriau'r gân, *The Isle of Capri*.

Fe fedra i gofio rhai o'r cardotwyr a fyddai'n galw'n rheolaidd yn ein tŷ ni. Dyna i chi Harry Swift, gŵr bychan, bonheddig gyda mwstás du, main. Harry Lauder wedyn, gŵr sarrug yn allanol ond hen foi iawn. A'r mwyaf diddorol ohonynt i gyd, gŵr a'i galwai ei hun yn '*King of the Tramps*' ac a wisgai goron fach gardbord ar ei ben.

Deuai sipsiwn ar eu tro hefyd i wersylla ar ben Bryn Crach. Golygai hynny y byddai'n rhaid i mi eu pasio ar fy ffordd yn ôl a blaen i'r ysgol bob dydd. Fe wnawn hynny gyda pharchedig ofn ar y dechrau, cyn ymgyfarwyddo â nhw a chael aml sgwrs ar fin y ffordd.

Do, fe fu fy mhlentyndod i yn un hapus tu hwnt. Ac fe gefais y gorau o bopeth. Pan ddeuthum yn ddigon hen i gysgu ar fy mhen fy hun, cefais stafell i mi fy hunan — y stafell fach ganol yn y ffrynt — tra oedd y merched yn gorfod siario rhwng dwy stafell, a John a Ianto'n siario stafell arall.

Yna, yn ddiweddarach, a mwy o'r plant wedi mynd dros ochr y nyth, cefais stafell fwy o faint yn y cefn, gyda'r ffenest yn edrych i lawr ar Fryngors.

Pennod 5

Mae adloniant, o bob math, wedi bod yn rhan annatod o'm bywyd i o'r dyddiau cynnar. Bu'r eisteddfod a chanu pop, y ddrama a'r ffilmiau, pêl-droed a'r Clwb Ffermwyr Ifainc a'r Aelwyd yn fwy na rhyw ddihangfeydd oddi wrth fywyd bob dydd. Buont i gyd yn rhan o'r bywyd hwnnw, ac mae amryw ohonynt yn dal i fod felly.

Mae'n rhaid gen i fod caneuon poblogaidd y dydd wedi dod yn rhan o'm bywyd o flaen unrhyw ddiddordeb arall. Byddai llais y radio'n llenwi'r gegin gefn yn rheolaidd gyda phob math o arlwy. Newyddion y dydd a bocsio âi â diddordeb Nhad. Ond byddai cerddoriaeth boblogaidd hefyd yn cael lle. Roedd hyd yn oed Nhad yn hoff o Gracie Fields, er nad oedd ganddo fawr i'w ddweud wrth unrhyw un arall.

Ond yn y parlwr, yn hytrach na'r gegin, y daeth canu pop yn fyw i mi am y tro cyntaf. Fe briododd Dan, fy mrawd, â Gwen Joel, un o'r Cymry yn Llundain a oedd â chysylltiadau lleol ac a ddaeth i'r ardal i weithio ym Myddin y Tir. Ac fe gychwynnodd y ddau eu bywyd priodasol yn ein tŷ ni, gan fyw yn y parlwr.

Fe brynodd Dan gramaffôn, un o ryfeddodau mawr fy mywyd cynnar. Câs du oedd i'r gramaffôn, ac arni lun ci bach yn edrych i mewn i gorn mawr. Roedd iddi nodwyddau dur, y byddai'n rhaid eu newid yn achlysurol. Ac o'i mewn gorweddai allwedd fawr. Pan ddechreuai Vera Lynn swnio fel Tennessee Ernie Ford, roedd hi'n bryd gosod yr allwedd mewn twll yn ystlys y gramaffôn a'i throi, fel weindio wats. Yna â'r spring yn dynn, câi Vera Lynn ei llais yn ôl, a byddai'r adar gleision yn hedfan dros glogwyni gwynion Dover gyda'r cyflymdra iawn unwaith eto.

Y gân bop gyntaf erioed i mi ei chlywed ar gramaffôn Dan oedd *Music, Music, Music,* gan Teresa Brewer, cân oedd yn agor gyda'r geiriau gwefreiddiol:

Put another nickel in,
In that nickel-odeon,
All I want is loving you
And music, music, music . . .

Cân arall a gâi ei chwarae'n aml ar y gramaffôn oedd un gan Bing Crosby, '*The Little Red Caboose behind the Train*'. Ar ddechrau'r record byddai Bing yn esbonio mai ystyr *caboose* oedd y cerbyd olaf y tu ôl i drên nwyddau, lle byddai'r gard yn treulio'i amser. Yn y gân roedd Bing yn cwympo mewn cariad tra'n gweithio fel gard ar y trên, ac yn treulio'i fis mêl gyda'i wraig yn y *little red caboose behind the train.*

Wrth edrych yn ôl, rwy'n siŵr mai dyma'r gân a barodd i mi gwympo mewn cariad fy hun — nid â merch ond â chanu *Country and Western* — cariad sydd yr un mor driw ag erioed.

Ein haelwyd ni oedd y gyntaf yn y pentre i gael set deledu. Swatiai'r anghenfil anferth yng nghornel y stafell ffrynt fel rhyw allor baganaidd, a deuai ffrindiau heibio'n aml i syllu ar ei rhyfeddod.

Cafwyd fod gan y teulu fwy o ffrindiau nag a

feddyliodd neb adeg rowndiau terfynol Cwpan y Byd yn Sweden; pawb ohonom yn craffu ar Pele'n sgorio dwy gôl wrth i Brasil guro'r tîm cartref o bum gôl i ddwy. Anghofiem y ffaith fod gwylio pob rhaglen fel ceisio gweld drwy gawod drom o eira.

Adeg gêm rygbi ryngwladol byddai'r stafell yn orlawn, gyda rhai o'm hathrawon o Dregaron ymhlith y gwylwyr. Ond i mi, y gwyrthiau mawr oedd cael gwylio sioeau sêr fel Perry Como a Johnny Mathis.

Erbyn dyddiau ysgol uwchradd, roedd y canu pop eisoes wedi cydio'n dynn yn fy ymwybyddiaeth. Byddwn yn gwrando'n rheolaidd ar Frankie Laine a Guy Mitchell ar *Radio Luxemburg*, ac fe brynodd Mam radio i mi ar fy mhen-blwydd, radio o faint bag llaw y medrwn ei chario gyda mi i'r ysgol. Bu'r hen Ferguson honno gen i am flynyddoedd, ymlaen hyd yn oed i fywyd priodasol.

Adeg dyddiau ysgol y digwyddodd y chwyldro mawr yn hanes canu pop. Fe baratowyd y ffordd gan Bill Haley ganol Haf 1955 gyda *Rock Around The Clock*. Methiant llwyr i mi fu ceisio'i efelychu drwy ffurfio cwrlyn bach — *kiss-curl* — ar fy nhalcen. Roedd fy ngwallt yn teneuo hyd yn oed yn y dyddiau hynny.

Cafodd y ffilm o'r un teitl â'r gân enw drwg; hynny hwyrach am i'r gân gael ei defnyddio fel cerddoriaeth agoriadol y ffilm *Blackboard Jungle*. Hanes trais mewn ysgol uwchradd yn America oedd y ffilm honno ac euthum i'w gweld yn y Conway, un o sinemâu Aberystwyth. Pan ymddangosodd ffilm Bill Haley, felly, ceid adroddiadau dyddiol ar y radio ac yn y papurau am anhrefn llwyr mewn sinemâu ledled gwledydd Prydain.

A phan ddaeth y ffilm ar ei thro i'r Pier yn Aberystwyth, bu'n rhaid ymbil yn daer am wythnosau cyn cael caniatâd i fynd yno.

Teithiodd llond bws i fyny o Bontrhydfendigaid, ac roedd un ohonom, Duff Calvert, myfyriwr yng Ngholeg Ystrad Meurig, coleg a oedd yn feithrinfa i ddarpar offeiriaid yr Eglwys, wedi gorfod gwisgo'i drowser *drain-pipe* o dan ei drowser arferol rhag i'w letywraig, Mary Mills, ei weld. Yna, yn niogelwch y bws, fe'i newidiodd.

O gyrraedd y sinema, a oedd yn orlawn, sioc fawr i ni fu canfod, yn eistedd ychydig y tu blaen i ni, gyn-athrawes wedi ymddeol, yng nghwmni ei chariad, a oedd yn flaenor. Rwy'n siŵr y byddai'r ddau yn falch petai'r llawr oddi tanynt wedi agor a'u gollwng i'r môr islaw.

Ie, paratoi'r ffordd yn unig wnaeth Bill Haley. Roedd y Brenin i ddilyn ymhen dwy flynedd. A phan ffrwydrodd *Heartbreak Hotel* o berfeddion y set radio fe sgubwyd yr hen drefn yn llwyr. Llais Elvis oedd llais herfeiddiol to newydd o ieuenctid. Chwalodd yr hen hualau a chyhoeddodd wrthryfel yn erbyn yr hen werthoedd. Siglodd Elvis y byd mewn modd na fedrodd yr un gwleidydd na chrefyddwr yn ystod y ganrif hon.

Beth oedd ei gyfrinach? Roedd yr ateb yn gyfuniad o elfennau. Yn gyntaf, dyma fachgen gwyn, tlawd yn canu caneuon pobl dduon dlawd. Yn ail, dyma fachgen a edrychai ac a wisgai'n wahanol. Yn drydydd, dyma fachgen a ganai nid o'i galon ond o'i enaid. Elvis, yn ddiamau, oedd ffenomenon mwyaf dylanwadol y ganrif, yn gerddorol ac yn gymdeithasol.

I fachgen ifanc fel fi, bu ei ddylanwad yn

anfesuradwy. Am rai misoedd, fi oedd yr unig ddisgybl yn yr ysgol a'i haddolai. Tueddu i ddilyn barn sylwebyddion y byd a wnâi'r gweddill, a'i wawdio. Ond buan iawn y bu'n rhaid iddynt gydnabod rhyfeddod Elvis Aaron Presley.

Ond unwaith eto roeddwn i dan anfantais. Steil gwallt Elvis oedd un o'r nodweddion a'i gwnâi'n wahanol. Ond er rhwbio galwyni o Silvikrin pur i'm corun, stwff a fedrai, yn ôl y broliant, dyfu blew ar bêl biliards, teneuo a wnâi fy ngwallt o wythnos i wythnos.

Ta waeth, medrwn wisgo rhywbeth yn debyg iddo. Dyma dynnu hen siwt ginio o berfeddion rhyw ddrôr ac addasu'r trowser coesau tynn a'r wasgod. Wedyn, gyda thei carrai esgid am fy ngwddf, pâr o sgidiau swêd am fy nhraed a hen raser *cut-throat* Nhad yn fy mhoced dop fe deimlwn fy hun yn dipyn o foi — neu'n wir, yn dipyn o Dedi-Boi.

O'r dechrau, bu Elvis yn gydymaith i mi ar hyd y llwybr a'm harweiniodd o laslencyndod i fod yn ddyn. Cofiaf i mi fynd i Lambed gyda dwy o'm chwiorydd, gyda'r bwriad o ymweld ag Anti Sarah. Ond gwrthodais adael Caffi Contis a'i jiwc-bocs Wurlitzer boliog, gan arllwys llwyth o bishinau chwecheiniog i'w grombil er mwyn clywed *'I Want You, I Need You, I Love You'*, drosodd a throsodd.

Archebais freichled, gyda llun Elvis arni, drwy'r post — dim ond i'w cholli ar y *switch-back* yn ffair Porthcawl tra oeddwn ar drip Ysgol Sul.

Yn yr 'Hop' wythnosol yn Neuadd yr Eglwys bob nos Iau, gyda John Mills wrth y piano, byddwn yn chwarae recordiau diweddaraf Elvis. Ac unwaith, mewn cyfarfod o Gymdeithas y Bobl Ifanc yn Festri Rhydfendigaid, gyda'r blaenoriaid a'r Gweinidog yn bresennol, gosodais *Hound Dog* ar y peiriant recordiau, troi'r sain i fyny i'w anterth a gwasgu'r switsh cyn diflannu drwy'r drws. Erbyn i mi gyrraedd y lobi roedd pawb â'u dwylo dros eu clustiau, a'r gân yn eco drwy'r festri.

Dyma'r unig gyfnod yn fy mywyd pan fentrais ar y ffordd fawr y tu ôl i lyw car modur. Codais drwydded dros dro a oedd yn para am dri mis a chefais rai gwersi gan Nhad yn yr Austin A30.

Un noson roedd *G I Blues* yn chwarae yn y Coliseum yn Aberystwyth a minnau ar binnau eisiau ei gweld. Yr unig ffordd oedd twyllo Nhad drwy ofyn am fenthyg y car ar gyfer gwers yrru gyda Byron Williams, gyrrwr profiadol iawn. Bodlonodd Nhad, a bant â ni — Byron a minnau, Liz, chwaer Byron a Mari, nith i mi, i weld ffilm Elvis. Pan ddychwelais tua hanner nos roedd Nhad bron gwallgofi. Chefais i ddim benthyg y car fyth wedyn heb fod Nhad ynddo yn eistedd wrth fy ochr.

Pylodd y diddordeb mewn gyrru car ac ni adnewyddais fy nhrwydded pan ddaeth ei dyddiad i ben. Ond parhaodd Elvis yn driw i mi ar hyd y blynyddoedd. Pan fu farw ym mis Awst 1977 teimlwn i mi golli cyfaill a oedd hefyd yn arwr. Ei farwolaeth ef a'm trodd o fod yn ddyn ifanc i fod yn ganol oed. Bryd hynny, i mi, y disgynnodd 'y dail yng nghoedwigoedd y sêr'. Dyna oedd 'dechrau'r farwolaeth a bery gyhyd'.

Roeddem ni, bobl ifanc y pentre, yn awyddus iawn i efelychu ein harwyr cerddorol. Dyna a'n harweiniodd un noson i gyflwyno'n perfformiad cyntaf — a'r olaf — fel grŵp ar lwyfan Neuadd yr Eglwys. Dim ond dau ohonom oedd ag unrhyw glem cerddorol — Ian Huws ar y piano a John Bronceiro, a fu farw'n dad ifanc, ar y gitâr. Am y gweddill ohonom, roedd Jac, brawd Ian, ar y gist de, Dai Meredith ar y sgrîn olchi, a minnau ar y drymiau. A drymiau oedden nhw, yn llythrennol felly — casgliad anhygoel o hen ddrymiau oel.

Yn ystod y cyfnod hwn, Jac, neu John Wyn Hughes, oedd fy nghyfaill agosaf. Un man cyfarfod, a hwnnw'n fan dirgel, oedd hen sied Mrs Morgans Doctor, adeilad bron mynd â'i ben iddo yn wynebu Teifi Street. Treuliem oriau yn gorwedd yn y dowlod yn trafod pynciau pwysig y dydd, fel merched a chanu pop, ac yn gwylio pobl y stryd yn mynd o gwmpas eu pethau heb iddynt ein gweld ni. Yno hefyd y byddem yn cyfansoddi penillion digri am rai o bobl y pentre, rhigymau sydd wedi hen fynd i ebargofiant.

Man cyfarfod rheolaidd arall yn yr un stryd oedd gweithdy Jac y Crydd. Mae'n wir fod mannau tebyg i weithdy Jac, fel aml efail gof, wedi eu rhamanteiddio erbyn hyn. Ond fe gaem ddiddanwch di-ben draw yn y gweithdy yng nghwmni'r crydd ei hun, John David Hopkins, a'r mynychwyr rheolaidd, Rod Williams, John Edwards, Ianto John a Twm Plas y Ddôl.

Rod Williams oedd y ciper lleol, gŵr a fu'n elwa'n fawr o'i brofiad hir fel potsiar. Bu ef, fel eraill o'r cwmni, yn gweithio am flynyddoedd yn y Sowth, a chaem ein swyno gan storïau am Fwli Merthyr a'n harswydo wrth glywed am Ysbryd Penrhiw-ceiber.

Roedd John Edwards, er yn gwbl ddall, yn grydd ei hun ac wedi cadw gweithdy yn Nhregaron am flynyddoedd. Gŵr hamddenol a fyddai wrth ei fodd yn tynnu ein coes oedd John.

Ni welid Ianto John, neu 'Jona' i griw'r gweithdy, fyth heb ddaeargi yn ei gwmni. Fedra i ddim ei gofio heb fod ganddo gi Jack Rusell naill ai wrth ei sawdl neu yn ei gôl.

Ac am Twm Plas y Ddôl, ef oedd un o gymeriadau mawr y pentre. Tipyn o rôg oedd Twm, ond rôg ffeind. Roedd e'n ddartiwr di-ail ac yn ymladdwr pan fyddai angen. Ond doedd dim drwg yn Twm.

Rwy'n siŵr i mi, a Jac fy ffrind, ddysgu mwy am fywyd yng ngweithdy John y Crydd nag a wnaethom erioed mewn nac ysgol na choleg. Dyddiau da oedd y rheiny, gydag arogl y lamp baraffin a'r lledr yn cymysgu, ac arogl mwg pibell John Edwards yn ychwanegu at yr awyrgylch.

Fe gyfansoddais i soned i 'Weithdy Jac y Crydd' a chael y fraint drist o'i darllen i Rod Williams ac yntau ar ei wely angau yng nghartre Jim a Bet Davies. Fe wylodd yr hen Rod yn hidl o'i chlywed ond fe wasgodd fy llaw wrth ddiolch. Fel hyn y darllenai'r soned:

Wrth groesi'r trothwy, teimla pob hen Gardi
Fod drws y gweithdy'n arwain i hen oes,
Dyddiau'r gwrthgilio i Ferthyr ac i'r Mardy,
Blynyddoedd torri calon, braich a choes;
Oes y pregethwyr tanllyd, mwynwyr medrus,
Stumogau gweigion a chapeli llawn,
Llafurwyr gonest, meistri ffals, twyllodrus,
Blynyddoedd gadael aelwyd a thân mawn.

Ond dewch i mewn, anghofiwch eich gofidiau,
Mae sŵn y morthwyl fel munudau mân
Yn dyrnu'r hen orffennol i'r esgidiau;
Cewch glywed Jac yn mwmian pwt o gân
Tra Rod a John yn cofio ar y fainc
Am streic ym Merthyr ac am ffos yn Ffrainc.

Mae'n syndod meddwl cymaint o bethau oedd gan bobl ifainc i'w gwneud yn y Bont yn y cyfnod hwn. Yn ogystal â'r Clwb Ffermwyr Ifainc a'r Aelwyd a Gweithdy John ar draws y ffordd, a'r digwyddiadau rheolaidd yn Neuadd yr Eglwys a'r gwahanol festrïoedd, fe sicrhaodd arian Syr David James ganolfan newydd i bobl y pentref yn cynnwys neuadd fodern, llyfrgell, stafell snwcer, cae chwarae a stafelloedd newid, heb sôn am y pafiliwn mawr a godwyd yn ddiweddarach. Yn wir, roeddem yn ffodus iawn i gael byw yn y fath bentre.

Ond er yr holl fanteision modern hyn, does dim amheuaeth nad hen Neuadd yr Eglwys a chwaraeodd y rhan bwysicaf yn ein bywydau cynnar ni fel cenhedlaeth ifanc, llawer mwy na'r neuadd newydd. Yn yr hen neuadd y gwelsom gyngherddau Jac Oliver, a drefnid er mwyn croesawu rhai o fechgyn y fro adre o'r fyddin. Yno y deuai cwmnïau drama Dan Mathews ac Edna Bonnell. Yno y cynhelid y nosweithiau llawen a'r dawnsfeydd, ac yno, yn y pumdegau, y perfformiai un o'r cwmnïau theatr 'rep' mwyaf anhygoel i mi ei weld erioed.

Byddai'r *Midland Company* yn dod i'r pentre am bythefnos bob blwyddyn, gan berfformio dwsin o ddramâu gwahanol. Cwmni teuluol oedd hwn — tad a mam, sef Mr a Mrs Jimmy James; eu plant, Albert, Celia a Penny; a gŵr Celia, John Gordon. Weithiau deuent ag actor neu actores o'r tu allan. Ac un flwyddyn ymunwyd â hwy gan Ray Cooney, sydd bellach yr enw mwyaf ym myd y ffârs yn y West End. Pwy fedrai feddwl y byddai brenin theatr y Whitehall wedi troedio llwyfan Neuadd yr Eglwys, Pontrhydfendigaid? Roedd arlwy ac amrywiaeth y dramâu yn anhygoel, o glasur fel *Great Expectations* i bropaganda cenedlaethol Prydeinig fel *Nurse Cavell*; o drasiedi fel *The Hasty Heart* i gomedi fel *Cuckoo in the Nest*. A dyma'r cwmni cyntaf erioed i mi ei weld yn cyflwyno un o ddramâu Tennessee Williams, sef *A Street Car Named Desire*, gyda Celia yn chwarae rhan Blanche Dubois.

Pan fyddai'r cwmni'n perfformio drama drist, byddai Jimmy James yn mynd ati, er mwyn cael pawb i fynd adre'n hapus, i drefnu perfformio sgets ddoniol ar y diwedd.

Roedd yna draddodiad drama cryf yn ein pentre ni. Nid âi blwyddyn heibio, bron iawn, heb i gwmni lleol fynd ati i lwyfannu drama a mynd â honno ar daith. Roedd actorion fel Dan Arch a Martha Jones yn wirioneddol wych, a byddent wedi medru dal eu pennau'n uchel mewn unrhyw gwmni proffesiynol.

Bu'r Clwb Ffermwyr Ifainc a'r Aelwyd leol yn ffodus iawn hefyd yn cael arweiniad pobl fel Charles Arch a'i briod Mari, wrth fynd ati i lwyfannu dramâu. Daeth llwyddiant rheolaidd i ni yn y gwahanol gystadlaethau, gan gynnwys prif wobr yr Urdd fwy nag unwaith.

Yn yr un modd, daeth llwyddiant i ni fel siaradwyr

cyhoeddus, diolch i arweiniad pobl ddisglair fel David Lloyd Jones, James Aelwyn Morgan a Moc Rogers. Roedd bwrlwm o weithgaredd yn y Bont bryd hynny.

Bu bod yn rhan o'r gweithgaredd hwnnw o fudd mawr i mi. Yn groes i'r graen y cymerais ran am y tro cyntaf yn y gystadleuaeth siarad cyhoeddus. Ond erbyn hyn rwy'n falch i mi wneud.

Actor anfoddog fûm i hefyd y tro cyntaf, yn ŵr ifanc ugain oed yn chwarae rhan hen flaenor yn y ddrama *Y Nos Hon*. Ond buan y deuthum i fwynhau actio, gan gymryd rhan yn rheolaidd ym mherfformiadau'r Aelwyd a'r Clwb, yn ogystal â chwmni a ffurfiwyd yn lleol gan Moc Morgan.

Fe'm gwahoddwyd wedyn i fod yn aelod o Gwmni Drama Ceredigion, gan berfformio yn un o ddramâu J R Evans, *Y Cardotyn*, yn Eisteddfod Genedlaethol Llanelli yn 1962, ac yn *Yr Etifeddwr*, drama gomisiwn gan Gwynne D Evans yn y Drenewydd yn 1965.

Yn ddiweddarach cefais ran yn *Under Milk Wood* gan Gwmni Talacharn, gan chwarae rhan Mr Pugh. A chefais y fraint o chwarae'r un rhan yn y perfformiad Cymraeg cyntaf erioed o ddrama Dylan Thomas, yn Nhalacharn ym mis Awst 1967.

Cyn y perfformiad hwnnw, treuliais dair noson yn cysgu ar lwyfan y babell, lle cynhelid y perfformiadau, ar fryncyn uwchlaw hen gartref Dylan. Ond ni ddaeth ei ysbryd nac i gymuno nac i aflonyddu arnaf.

Mae'n ddiddorol edrych yn ôl ar raglen perfformiad y noson gyntaf honno, i weld enwau rhai o'r actorion. Yn eu plith roedd T James Jones, sef cyfieithydd y ddrama, sy'n adnabyddus bellach fel dramodydd a bardd dwbwl Goronog. Gwelwyd actorion fel Alwyn Jones, Ernest Evans, Glyn Ellis a Sharon Morgan, yn ddiweddarach yn eu hamlygu eu hunain fel actorion teledu. Eraill ymhlith y cast oedd y gantores Anita Williams a'r 'Stondinwr' dyddiol, Sulwyn Thomas. Yno hefyd roedd y pâr dawnus o'r Pwll, Llanelli, Brin ac Edna Bonnell, a oedd wedi bod droeon yn perfformio gyda'u cwmni ar lwyfan Neuadd yr Eglwys ym Mhontrhydfendigaid. Gyda ni hefyd yn Nhalacharn, yn ferch ifanc a ddeuai'n wyneb cyfarwydd, roedd Victoria Plucknett. Ei mam, Dulcie, a chwaraeai ran Mrs Pugh, fy nghymar yn y perfformiad.

Yn ôl yn y Clwb a'r Aelwyd y cychwynnodd y cyfan i mi. A gan i mi fod yn ysgrifennydd neu'n gadeirydd y ddau fudiad am rai blynyddoedd, bûm yn ddigon ffodus i ddal allwedd yr hen dŷ yn Teifi Street, lle byddem yn cyfarfod, am gyfnod hir. Roedd i hyn nifer o fanteision. Roedd e'n lle delfrydol i garu ar y slei, i fwynhau ambell botel o gwrw, neu i wrando ar recordiau Elvis ac eraill yng nghwmni Pecs.

Bu'r pentre hefyd yn ganolfan eisteddfodol bwysig er pan fedra i gofio. Ceid eisteddfodau blynyddol gan y Methodistiaid, y Bedyddwyr a'r Eglwyswyr, heb sôn am gyfarfodydd cystadleuol lu. Disodlwyd y rhain gan Eisteddfodau Pantyfedwen. Ac un fendith a ddeilliodd o'r fenter honno fu codi'r pafiliwn mawr a ddaeth yn gartref i gyngherddau fel y Pinaclau Pop pan oedd canu poblogaidd Cymraeg yn ei anterth. Yno y cyfarfûm, am y tro cyntaf, ag un o'm harwyr cerddorol mwyaf, Meic

Stevens. Rwy'n falch o gael dweud ei fod e'n dal yn arwr ac yn ffrind.

Ond yn ôl at yr eisteddfodau llai, ac un ohonynt yn arbennig. Un flwyddyn roedd Llwyd o'r Bryn yn beirniadu yn Eisteddfod y Methodistiaid, neu Eisteddfod Catherine James, i roi iddi ei henw swyddogol. Ac ar yr union ddiwrnod, dihangodd mwnci a oedd yn anifail anwes i Dai Rogers. Trigai'r hen fwnci, Jimmy, mewn sied yn yr ardd a ffiniai â'r capel, ac ar ddiwrnod yr eisteddfod torrodd yn rhydd a chnodd un o blant y pentre wedi i hwnnw daflu cerrig ato. Gwallgofodd yr hen fwnci druan a bu'n rhaid ei saethu, ac fe luniodd Llwyd o'r Bryn englyn marwnad iddo, englyn a aeth, ysywaeth, ar goll.

Ond nid dyna ddiwedd saga'r mwnci. Ar ôl ei saethu, rhaid oedd cael gwared â'r corff. Aeth Dai Rogers, ynghyd â'r plismon lleol, ag ef i fyny i hen waith mwyn plwm Cwm Mawr a'i daflu i lawr siafft. Ar y ffordd adre dyma'r plismon yn ceisio tynnu coes Meurig Williams, cefnder i mi a oedd yn gweithio yn garej Wil Lloyd:

'Est ti ddim i'r angladd, 'te?' meddai'r plismon.

'Naddo,' meddai Meurig. 'Dim ond y teulu agosa oedd yn cael mynd.'

Bu colli Jimmy yn achos tristwch mawr i ni blant. Byddem yn ei ystyried yn arwr tebyg i *Cheeta*, mwnci Tarzan, a ymddangosai'n achlysurol yn y pictiwrs yn Neuadd yr Eglwys.

Byddai'r neuadd yn orlawn ar gyfer y pictiwrs wythnosol. Eto i gyd, y tu allan i'r neuadd y gwelais i fy ffilmiau cyntaf. Weithiau deuai gŵr o'r enw Doctor

George Little, ymgeisydd y Toriaid yn Sir Aberteifi ar y pryd, i fyny i'r pentre gyda cherbyd rhyfedd iawn. Agorai'r cefn i ffurfio sgrîn fawr, ac arni y gwelsom ni blant anturiaethau Laurel a Hardy am y tro cyntaf. Ac mae'r ddau yn dal yn arwyr mawr i mi hyd heddiw. Cadwch eich Charlie Chaplin. Nid yw'n haeddu cael ei enwi ar yr un anadl â Stan ac Ollie.

Ond bob tro y bydda i'n pasio hen Neuadd yr Eglwys, sy'n segur ers tro, am Elvis y bydda i'n cofio. Am Elvis, a'r dyddiau a'r nosau hynny cyn claearu o'r haul a chlafychu o'r lloer.

Mam (ar y dde) gyda theulu Fferm Maeselwad pan oedd hi'n forwyn yno.

Mam a Nhad y tu allan i Heulfryn tua chanol y pedwardegau.

Cymdogaeth dda — Mam, gyda Beti yn ei chôl, a Nhad (ail o'r chwith) gyda rhai o bobl yr ardal a ddaeth i helpu gyda'r gwair.

Nhad (ar y dde) gyda rhai o'i weithwyr, 'bois yr hewl', ym Mhontrhydfendigaid.

Wncwl Dai, a laddwyd yn y Rhyfel Mawr. Roedd e'n athro Ysgol Sul.

Anti Jane, y tu allan i Fryngors gyda thair o'm chwiorydd, Beti, Kitty a Gwen.

Mam-gu Ffair Rhos (canol, tu blaen) gyda phump o'r plant — Anti Lizzie, Anti Winnie, Anti Sarah, Mam (blaen, ar y chwith) ac Wncwl Willie.

Mam-gu Ffair Rhos ar ddiwrnod ei phen-blwydd yn gant oed gyda llun a beintiais iddi o'i hen gartref, Tŷcefn a gweithdy Tomos y Crydd drws nesaf.

Yn yr ysgol uwchradd pan own i tua 17 oed, a'r gwallt yn teneuo eisoes.

Fi yn dair oed. Sylwch ar y cnwd gwallt.

Naw o'r tri ar ddeg o blant gyda'i gilydd. Cefn:- John, Dai ac Ifan; Blaen:- fi, Kitty, Mary, Jennie, Nancy a Dan.

Ymgeisio'n aflwyddiannus ar gystadleuaeth y grŵp pop yn Eisteddfod y Ffermwyr Ifainc yn Aberaeron ddiwedd y chwedegau — Tomos Roy Edwards, Raymond Osborne Jones, fi a Non Evans, neu Pecs.

Yn Nulyn, 1967, gyda Joe Clarke a ymladdodd yng Ngwrthryfel y Pasg 1916 ac a garcharwyd yn y Frongoch.

Gyda Tom Barry, neu 'The General', arweinydd y 'Third West Cork Brigade'. Fe dynnwyd y llun yng Nghorc fis Medi 1979.

Yng nghwmni Arthur 'Big Boy' Crudupp yn y Skinners, Aberystwyth fis Mawrth 1970. Arthur oedd cyfansoddwr dwy o ganeuon llwyddiannus Elvis Presley.

Tîm y Bont, Pencampwyr 1964-65 pan oeddwn i'n ysgrifennydd. Cefn:- Ronnie Evans, Non Evans, Gwilym Evans, John Meredith, Gareth Davies, Wil Metcalfe, Wil Lloyd, Brian Pugh Jones, fi, wir i chi. Blaen:- John Roberts, David Williams, Meirion Appleton, Dai Metcalfe, Arwyn Hughes.

Bore fy mhriodas, Dydd Gŵyl Ddewi 1969 gyda fy Ngwas Priodas, Pecs.

Wedi'r briodas y tu allan i Gapel Rhydfendigaid.

Gyda fy hen gyfaill Peter Davies, Goginan ar fore ei briodas.

Ems, neu Emyr Huws Jones a minnau ar lan y môr yn Aberystwyth gyda Tige, un o gŵn ffyddlon y traeth.

Jac y ci yng nghôl un o'i edmygwyr mwyaf, yr actores Siân Wheldon.

Dylan, tua phedair oed, yng nghwmni rhai o'i arwyr o Arsenal, y rheolwr Terry Neil a'r ymosodwr Frank Stapleton ym Maes Awyr Luton.

Dylan, gyda cherdd fuddugol yn Eisteddfod Genedlaethol yr Urdd, Tonyrefail.

Jên a minnau ar daith rygbi yn Iwerddon 1990.

Un o freintiau mawr fy mywyd — cael gwasanaethu fel Gwas Priodas i Dewi Morris fis Gorffennaf 1991 pan briododd â Rhiannon Roberts.

Ym Morehead City, Gogledd Carolina yng Nghynhadledd Dynion Moel America gyda Charles Arch a John Nantllwyd fis Medi 1991.

Yn yr Afal Mawr, haf 1991 ar gyfer un o ddogfennau 'Hel Straeon' gyda Wyn Lodwick.

Yn y wardrob yn y cornel fanna oedd fy nillad Coleg i'n hongian. Dillad smart own nhw hefyd — blesyr, gyda bathodyn Coleg Prifysgol Cymru ar ei phoced dop; sgarff drilliw a thei yn matsho, a throwser llwyd. Rêl stiwdent bach o'i ben i'w draed.

Ar y dydd Sadwrn cyn i mi adael roedd y ffair yn y pentre. Ffair Gŵyl y Grog oedd ffair y Bont, yn cael ei chynnal ar Fedi'r 25ain bob blwyddyn. Fe'i cynhelid ar y darn tir gyferbyn â Terrace Road — ar y Glas — a byddai'r swings a'r stondinau coconyts a rholio ceiniogau yn cyrraedd tua phythefnos o flaen y bympyrs. Does 'na ddim ffair wedi bod yno ers blynyddoedd bellach gyda'r canlyniad fod y Glas yn cael llonydd i dyfu'n las rownd y flwyddyn. Gynt, am wythnosau wedi'r ffair, byddai'n frown, ar wahân i'r sgwariau a'r cylchoedd gwyrdd lle'r oedd y stondinau wedi bod yn sefyll.

Am wythnosau cyn diwrnod y ffair byddai disgwyl mawr. Fe fedrwn glywed loriau mawr y Brodyr Holmes yn drymlwythog o geriach yn dynesu ymron filltir i ffwrdd wrth iddyn nhw duchan a grwnian eu ffordd heibio lôn Wernfelen ac i fyny Rhiw Cae'r Da. Rhedeg allan i gât y ffrynt i'w gweld nhw'n mynd heibio, ac yna seiclo ar eu hôl i lawr i'r pentre.

Gorfod colli'r ffair fyddai'r ddamnedigaeth waethaf a allai ddigwydd i grwt meidrol. Ac fe ddigwyddodd i mi un flwyddyn. Y ffliw oedd y bwgan, a Doctor Alun wedi gadael rhyw foddion pinc ych-a-fi o felys. Ond er llyncu cynnwys y botel yn gyfan yn ystod y bore, gorfod aros yn fy ngwely fu raid. Finne wedi edrych ymlaen gymaint i'w gweld HI yno.

Wnes i erioed weddïo'n galetach na'r bore hwnnw, gweddïo am ddaeargryn neu dân, lluwchfeydd eira neu bla — unrhyw beth i atal y ffair. Ac erbyn canol dydd fe ddaeth ateb i'm gweddïau — glaw a gwynt i socian a rhwygo pob stondin. Fe ganslwyd y ffair. Chefais i mo'r cyfle i'w gweld HI. Ond chafodd neb arall chwaith.

Doedd dim i'w gymharu â'r ffair. Môr o oleuadau a miwsig, a'r twrw'n cynyddu ar ôl stop tap. Meddwon ac ymladdwyr, brolwyr a chariadon — agored a slei bach — yn cyd-gymysgu'n llifeiriant o gwmpas y stondinau.

Y ffair olaf i mi fod ynddi, cyn iddi ddiflannu am byth, oedd y flwyddyn yr euthum i'r Coleg — y ffair ar ddydd Sadwrn, a finne'n mynd i Aber ar y dydd Llun. A Mam mor falch ohona i.

'Dere miwn i fi dy weld ti yn dy ddillad Coleg . . . Jiw, 'ti'n smart. Rwy' i a dy dad yn browd ohonot ti, cofia.'

Finne, mor hunan-ymwybodol yn rhyw din-droi yn fy mlesyr newydd a 'nhei. A'r sgarff drilliw fel rhaff crogwr am fy ngwddw.

'Wisgi di nhw i'r ffair heno? Fe fydde'n neis i bobol y pentre dy weld ti fel'na, cofia.'

'Na, mi newidia i 'nôl i'n jîns a'n jympyr. Fe adawa i rhein tan dy' Llun.'

Rhuthro i newid, a rhedeg heibio i Hafod Eos a thros Fryn Crach, a chân Tommy Edwards o uchelseinydd y bympyrs yn hofran dros yr holl bentre . . .

'Many a tear has to fall,
But it's all in the game,
All in that wonderful game
That is known as love . . .'

Lle bydd HI nawr, tybed? Yn hofran rownd y bympyrs, siŵr o fod. Ie, 'co hi gyda'i ffrindie. Cystal i fi ofyn iddi nawr.

'Haia. 'Ti mas yn gynnar.'

'Odw.'

'Wel, own i'n gobeitho dy weld ti 'ma.'

'Pam?'

'Wel meddwl y byse ti . . . Y byse ti'n dod mas 'da fi . . .'

'Na. Wi'n mynd rownd gyda'n ffrindie.'

'O, wi'n gweld . . . 'Ti ddim wedi addo mynd mas 'da neb arall, wyt ti?'

'Nagw.'

'Ond ti'n gwbod bo fi'n mynd bant dy' Llun. A wi ddim yn gwbod pryd y bydda i adre nesa. Dere 'mlân.'

'Na . . .'

'Wel, beth am nes ymlân, 'te?'

'Ga i weld . . . Ta-ta.'

A, wel. Os ma' fel'na ma' pethe i fod, fe ddangosa i iddi hi. Beth bynnag, fe fydd 'na ddigon o ferched yn y Coleg . . .

' . . . And he'll kiss your lips
And caress your waiting finger-tips,
And your heart will fly away . . .'

Draw i'r Red Leion. Peint o bityr a fodka. 'Iechyd da, bois . . .' 'Pob hwyl i ti, boi. A phob lwc yn y Coleg 'na . . .' 'Thenciw fowr . . .'

Miwsig y ffair yn cymysgu â dwndwr y dafarn . . .

' . . . Dream, dream, dream,
In the night, when I feel blue,
In the night, when I need you
To hold me tight, whenever I want you,
All I have to do is dream, dream, dream . . .'

Draw i'r Blac. Peint arall o bityr . . . a dwbwl fodka. 'Iechyd da, bois . . .' Lwc dda i ti . . . A by' ti'n ofalus o'r merched 'na. Merched twym yw merched y Coleg 'na, cofia di.' 'Fe ofala i . . . A fydd 'na ddigon o ddewis, o bydd.' Ond fydd HI ddim yno . . .

Goleuadau'r bar yn dechrau cylchdroi fel goleuadau'r ffair. Fyse'n well i fi fynd 'nôl i'r ffair, falle. Ie, dyna be' wna i. Fe â' i draw, a fe weda i, yn blwmp ac yn blaen, bo' fi'n ei charu hi . . . Ma'r fodka 'na wedi rhoi digon o gyts ynddo i . . . A, 'co hi, fanco . . . Damio! Ma' rhyw ddiawl arall gyda hi. Reit. Lwc owt.

'Hei! Beth yw'r gêm? Be' ddiawl 'ti'n neud 'da'r bastard 'na?'

'O's neb 'da fi.'

'Alli di ddim 'y nhwyllo i, gw' gyrl. Wi'n 'i weld e'n cwato tu ôl i'r stondin 'na, fanna . . . Blydi cachgi.

'Gad lonydd 'ddo fe . . .'

'Gwed ti 'tho fe bod e'n whare â'r bois rong nawr. Fe whalwn ni, bois y Bont e.'

'Cer adre. 'Ti wedi meddwi . . . Sa' i'n mynd i ddod mas 'da ti felna. Beth bynnag, un o fois y Col wyt ti nawr. Cer mas 'da nhw. Fyddi di ddim ishe 'nabod i ymhen rhyw fis.'

'Os ma' felna ti'n teimlo, cer i ddiawl â ti . . .'

Baglu i fyny'r ffordd am adre. Stopio i biso wrth gât cae Dic Jones. Popeth yn troi . . .

' . . . And now, ladies and gentlemen, this will be your last ride on the dodgems for this year . . . Come on now, all you young lovers . . . This is your big chance . . .'

Straffaglio yn fy mlaen, a'r cyfog yn codi'n chwerw-felys yn fy ngwddw i . . . Diolch i Dduw na wnes i wisgo'r dillad Coleg . . . Ha, ha! . . . Blydi jôc! . . . Chwydu ar fy nillad Coleg cyn mynd yno . . .'

' . . . Carolina Moon, keep shining,
Shining on the one who waits for me . . .'

' . . . That's all for now, ladies and gentlemen . . . See you all again next year . . .'

'. . . How I'm hoping tonight you'll go,
Glow through the right window,
Scatter your light, say I'm allright,
Please do . . .'

Saib ar ben Bryn Crach i sychu 'ngheg . . . a 'nagrau. Goleuadau'r ffair yn diffodd o un i un nes bod yr awyr yn dywyll, ar wahân i'r hen leuad Fedi . . .

'. . . Tell her that I'm blue and lonely,
Dreamy Carolina Moon . . .'

Pennod 6

Nhad a'm cludodd i Aber, yn ei Austin A30, ar gyfer fy niwrnod cyntaf yn y Coleg. Dim ond pymtheng milltir sydd rhwng Pontrhydfendigaid ac Aberystwyth. Ond i mi'r diwrnod hwnnw gallasai fod yn fil o filltiroedd.

Teimlwn fy mod yn torri fy nghysylltiad â'r fro ac yn codi fy ngwreiddiau. Heb sôn am fradychu fy ffrindiau yn ôl yn y pentre. Ac i wneud pethau'n waeth roeddem, wrth deithio, yn pasio rhai o lorïau a faniau'r ffair. Ie, fi a'r ffair yn gadael ar yr un diwrnod.

Yn ffodus iawn, roedd yna ffrindiau yn fy nisgwyl yn y Coleg. Roedd Rhys Jenkins a minnau wedi sefyll ein harholiadau Lefel 'A' yn Nhregaron. Ac yn y tŷ lojin lle'r oeddwn i letya — Ystwyth, y drws nesaf i dafarn yr Hen Lew Du yn Stryd y Bont — roedd cyd-ddisgybl o Dregaron, Daniel Rees, yn dechrau ar ei ail flwyddyn. Bellach ef yw prifathro ei hen ysgol.

Lletyai pump ohonom yn Ystwyth, gyda theulu

Bessie a Caradog Roberts a'u plant, Huw ac Elizabeth, pobl groesawgar a hynaws. Er gwaethaf hyn, roedd hiraeth bron â'm llethu a daliwn ar bob cyfle i fynd adre. Buan y sylweddolais i mi wneud camgymeriad mawr — dewis Coleg a oedd yn llawer rhy agos i gartre.

Cychwynnais yn ddigon brwdfrydig yn y darlithoedd. Ond yn raddol pylodd y diddordeb cynnar, a gwyddwn o fewn mis neu ddau na wnawn fyth adael y Coleg gyda gradd yn gynffon i'm henw. Ac yn waeth na hynny, doeddwn i ddim yn poeni.

Dau fwgan fu'n gyfrifol am greu'r llugoerni — Cymraeg Canol ac Anglo Saxon. Roedd y rhain ar y pryd yn bynciau cwbl allweddol os am fod yn llwyddiannus mewn Cymraeg, yn achos y cyntaf, a Saesneg yn achos yr ail. Ond ni welwn i unrhyw resymeg y tu ôl i'r fath honiad. Os oedd y ddadl honno'n ddilys, yna onid oedd hi'n dilyn nad oedd modd mwynhau bwyta wy heb wybod am linach yr iâr a'i dodwyodd?

Yn hytrach na dyblu fy ymdrechion i feistroli'r pynciau astrus hyn, dewisais eu hanwybyddu. Nid fy mod i wedi gwneud penderfyniad bwriadol ar eiliad arbennig. Na, agwedd a dreiddiodd yn slei bach, fel sarff, i'm hymwybyddiaeth oedd hyn. Ac erbyn hyn fe wn i pam yr ildiais. Roedd llwyddiant wedi dod i mi yn Ysgol Tregaron heb unrhyw fath o ymdrech fawr. A fedrwn i ddim gweld pam na ddylai ddod yr un mor hawdd yn y Coleg.

Teflais fy hun, felly, i'r bywyd cymdeithasol, er fy mod yn gwybod y deuai'r dydd o brysur bwyso. Oedd, roedd hynny'n anochel. Ond ar y pryd roedd e'n bell,

bell i ffwrdd. Ac roedd yno ddigon i'w fwynhau yn Aber — tafarnau a bandiau jazz, y sinema a chanu gwerin, gamblo a chwarae pêl-droed.

Fe roddais gynnig ar rygbi hefyd. Wedi'r cyfan, tra oeddwn yn Nhregaron cefais gryn lwyddiant, gan gael fy newis i chwarae fel bachwr dros Geredigion a chael cyfle i chwarae yn nhîm cyfun Ceredigion a Phenfro. Ond yn ystod fy unig gêm yn y Coleg dysgais wers nad anghofiais fyth wedyn. Un peth oedd chwarae yn erbyn ysgolion Ceredigion, peth arall oedd cystadlu yn erbyn bois y De, a oedd wedi eu codi yn y gêm. Trois yn ôl at fy nghariad cyntaf, pêl-droed.

Wrth edrych yn ôl, mae'n siŵr gen i y buaswn wedi codi fy mhac a gadael y Coleg ymhell cyn diwedd fy mlwyddyn gyntaf oni bai am bresenoldeb un gŵr — Gwenallt. Tra oedd colli darlithoedd yn araf fynd yn rheol yn hytrach nag yn eithriad, chollwn i 'run o rai Gwenallt.

Roeddwn i eisoes yn gyfarwydd â'i waith ar ôl darllen *Ysgubau'r Awen* ac *Eples* yn yr ysgol. Nid yn unig eu darllen ond ffoli'n llwyr ar gerddi fel 'Cymru' a 'Sir Forgannwg a Sir Gaerfyrddin'. Ac roeddwn i wedi bod yn ei gwmni unwaith, tra'n cael cyfweliad ar gyfer fy nerbyn yn fyfyriwr i'r Coleg.

Yn ei ddarlith gyntaf yn yr Ystafell Gymraeg, fedrwn i ddim llai na synnu unwaith eto wrth weld y dyn bach, prysur ei gerddediad. Yr wyneb rhychiog, fel eirinen wedi sychu, uwchlaw ei dici-bo. A'r llais cyfareddol hwnnw a'm hudodd o'r cychwyn cyntaf.

Gwenallt, drwy ei ddarlithoedd, a'm cyflwynodd i berlau Robert ap Gwilym Ddu a Phantycelyn. Ef a agorodd fy llygaid i fawredd T Gwynn Jones. Ac fe wnaeth hynny heb unwaith edrych ar ei nodiadau. Darlithiai ar gerdded yn ôl ac ymlaen rhwng y rhesi desgiau'n ddi-stop. Mewn darlith ddwbl o ddwyawr, mae'n rhaid ei fod yn cerdded milltiroedd.

Do, fe fu'n werth treulio dwy flynedd yn Aber petai dim ond am Gwenallt. Ond ar ddiwedd y flwyddyn gyntaf, dyma ganfod i mi fethu mewn Saesneg. Yr Anglo Saxon felltith yna. Ond llwyddiant, er gwaethaf popeth, mewn Cymraeg a Chelfyddyd.

Ond er y llwyddiant rhannol hwnnw, methiant llwyr fu'r ail flwyddyn. Erbyn hyn roeddwn i wedi gadael Ystwyth am lojins arall, Hazelmere, yn Rhodfa'r Gogledd, y drws nesaf i Glwb y Rhyddfrydwyr a'i chwe bwrdd snwcer. Ac nid oedd yn fantais chwaith cael bod yn un o bedwar ar ddeg o fyfyrwyr yn siario'r un tŷ. Roedd tri ohonynt yn aelodau o grŵp canu gwerin, *The Pennsylvanians*, felly byddwn yn canlyn y rheiny o le i le. Roedd eraill yn ddilynwyr jazz, a oedd yn golygu dihangfa arall. Byddai o leiaf un yn mynd i'r pictiwrs bob nos, a phan fyddai angen cwmni, fe fyddwn i'n rhy barod. Ar ben hyn, byddem yn trefnu gemau cardiau yn hwyr ar nos Sadwrn, a'r sesiynau hynny, weithiau, yn para drwy'r nos.

Ac wrth gwrs, roedd y tafarnau yn denu. Ac i mi roedd ynddynt ddwbl temtasiwn. Nid yn unig fe awn allan am beint gyda ffrindiau Coleg, byddwn hefyd yn dal ar bob cyfle i gyfarfod â hen ffrindiau o'r pentre pan ddeuent i fyny i ddawnsfeydd y Ffermwyr Ifainc neu i'r pictiwrs.

Ac roedd yfed yn rhemp yn y Coleg bryd hynny.

Peidied neb â dweud bod mwy o yfed ymhlith myfyrwyr heddiw. Roedd llawer llai o fyfyrwyr yno — rhyw ddeunaw cant — ond roedd y mynychu tafarnau yn llawer trymach.

Fe ddaeth y diwedd anochel. Ganol gwyliau Haf 1960 galwodd Nhad fi i'r parlwr. Yn ei law roedd llythyr o'r Coleg yn datgan yn syml fy mod wedi methu. Ni cheryddodd fi mewn unrhyw ffordd. Doedd dim angen iddo wneud hynny. Roedd y siom yn ei lygaid yn ddigon. Ni ddywedodd Mam fawr ddim chwaith. Ond gwyddwn i mi, drwy ddifaterwch a hunanoldeb, ddryllio un o'i breuddwydion mawr. Fe gariaf yr euogrwydd hwnnw gyda mi i'r bedd.

Yn ôl i Aber yr es, yn ôl i weithio i lyfrgell y Coleg y ciciwyd fi allan ohono. Yn ôl i ganol cyn-gyd-fyfyrwyr llwyddiannus. Yn ôl i wasanaethu darlithwyr na fûm ar gyfyl eu darlithoedd yn ystod y flwyddyn cynt. Yn ôl at Gwenallt.

Roedd Gwenallt yn mynychu'r llyfrgell yn rheolaidd. Nid âi diwrnod heibio na ddeuai ef i mewn i chwilota ymysg y silffoedd. A phan gâi drafferth, rhywbeth a ddigwyddai'n aml, ataf fi y deuai bob gafael. A phleser pur oedd cael y cyfle i'w gynorthwyo.

Daw un digwyddiad arbennig i'r cof. Gwenallt yn dod at y ddesg ac yn anelu, yn ôl ei arfer, yn syth ataf fi.

'Gwenallt, fedra i'ch helpu chi?'

'Medrwch, Mr Ebenezer. Rwy'n chwilio am lyfr.'

Wel, roedd e wedi dod i'r lle iawn, beth bynnag. Ac fel Mr Ebenezer, gyda llaw, y byddai'n fy nghyfarch bob amser.

'Beth yw'r rhif catalog?'

'Wn i ddim.'

'Pwy yw'r awdur?'

'Wn i ddim.'

'Beth am y teitl?'

'Wn i ddim. Ond rwy'n cofio mai llyfr coch oedd e.'

Help mawr. Help mawr iawn. Ond yna dyma fe'n cofio rhywbeth arall.

'Llyfr mewn Almaeneg oedd e ar y nofel Saesneg. Ac rwy'n cofio lle'r oedd e'n arfer bod.'

Ei ddilyn, felly, at y stac llyfrau, ac yntau, ar flaenau ei draed, yn cyfeirio at y man lle bu'r gyfrol. A dyma gofio imi, y Sadwrn cynt, symud y llyfrau ymlaen tua chwe silff er mwyn gwneud lle i ragor. A thrwy ddyfalu, dyma amcangyfrif lle dylai'r llyfr fod, wedi'r ad-drefnu. A rhyfeddod y rhyfeddodau, roedd y llyfr yno. Ac ni fu pall ar ei ddiolch.

O blith yr holl academyddion ac ysgolheigion a ddôi i'r Llyfrgell Gyffredinol yn eu tro, Gwenallt oedd y darllenwr mwyaf eang o bell ffordd. Darllenai unrhyw beth. Darllenai bopeth. Cofiaf amdano ar un cyfnod yn darllen yn helaeth ar bwnc mor annisgwyl â seicoleg breuddwydion.

Un diwrnod, tua 1965, daeth ataf yn llawn chwilfrydedd. Roedd gweddillion Syr Roger Casement, ymhen hanner canrif bron ar ôl ei ddienyddio fel teyrnfradwr a'i gladdu yng nghwrt Carchar Pentonville, wedi eu codi a'u hailgladdu yn nhir sanctaidd Glasnevin yn Nulyn. O wybod am fy niddordeb mawr i yn hanes diweddar Iwerddon, ei gwestiwn rhyfedd oedd — faint o weddillion Casement oedd ar ôl wedi'r holl flynyddoedd? A fyddai'r calch brwd y claddwyd ef ynddo wedi difetha'i gorff yn llwyr? Doedd gen i, yn naturiol, ddim syniad. Ond bûm yn meddwl droeon wedyn a oedd marwolaeth erchyll ei dad ei hun ar ei feddwl, wedi i hwnnw gael ei losgi'n ulw gan fetel tawdd?

Treuliais saith mlynedd yn gynorthwy-ydd llyfrgell, gan dreulio cyfnodau yn y Llyfrgell Gyffredinol a Llyfrgell y Clasuron. Yna penderfynwyd symud y llyfrau Sbaeneg a Ffrangeg i stafell eang ar y llawr isaf a'i galw yn *Modern Languages Library* a symudwyd fi yno.

Yn fuan ar ôl ei hagor, galwodd Gwenallt heibio i chwilio am ryw lyfr Cymraeg neu'i gilydd. Esboniais wrtho fod y llyfrau Cymraeg yn dal yn y Llyfrgell Gyffredinol.

'Wrth gwrs,' meddai Gwenallt, 'fe ddylwn i fod yn gwybod yn well. Dydi Cymraeg ddim yn *modern language*.'

Atgof arall am Gwenallt sy'n werth ei ailadrodd yw digwyddiad ar drothwy Eisteddfod Genedlaethol yr Urdd yn Rhuthun yn 1962. Roedd tîm siarad cyhoeddus Ystrad Fflur — Dai Lloyd Evans, Greta Lloyd, neu Greta Appleton erbyn hyn, a minnau — wedi cyrraedd y rownd derfynol. Y testun i'w drafod oedd 'Yr Iaith Gymraeg', testun hynod amserol ddeufis wedi darlith radio Saunders Lewis.

Un dydd yn y llyfrgell, dyma ddigwydd gofyn i Gwenallt a allai awgrymu cerdd neu linellau addas ar cyfer cloi'r drafodaeth. Awgrymodd ambell syniad. Ac yna, fel rhyw ôl-nodyn, fe ddwedodd fod ganddo ef ei hun gerdd, heb ei chyhoeddi, a allai fod yn addas.

Y diwrnod wedyn daeth at y ddesg gyda'r gerdd yn ei law. Ei thestun oedd 'Eglwys y Pater Noster', cerdd a gyhoeddwyd wedi ei farw yn y gyfrol *Y Coed*. Ond yr hyn sy'n ddiddorol yw fod y fersiwn a gefais i gan Gwenallt yn wahanol i'r fersiwn a geir yn y gyfrol. Mae'r deg llinell gyntaf yn union yr un fath, ond mae'n wahanol o hynny ymlaen. Fel hyn, ar ôl y deg llinell gyntaf, yr âi'r fersiwn a gefais i o'i law:

. . . Rhagorfreintiau lawer a gafodd y Gymraeg,
Ond hon yw'r rhagoriaeth arbenicaf;
Diolch i Dduw amdani hi,
Un o ieithoedd mwyaf Cristnogol Ewrob;
Iaith â'i geirfa yn Nadolig,
Ei chystrawen yn Galfaria,
Ei gramadeg yn ramadeg y Bedd Gwag
A'i seineg yn Hosanna.

Ar lwyfan ysgol yn Eisteddfod yr Urdd yn Rhuthun, saith mlynedd cyn ei chyhoeddi, y gwelodd y gerdd olau dydd am y tro cyntaf, diolch i Gwenallt.

Saith mlynedd a fu'n gymysgedd o nefoedd ac uffern fu fy nghyfnod yn y llyfrgell. Golygai godi'n fore er mwyn cyrraedd erbyn naw — taith ddyddiol ar y trên o orsaf Strata Florida yn ystod y blynyddoedd cyntaf. Yna, yn dilyn archoll bwyell Beeching, siario car am weddill y blynyddoedd.

Roedd y gwaith ei hun yn ddigon i ladd ysbryd unrhyw un. Am yr awr gyntaf bob bore, gosod y llyfrau mewn trefn. Yna cynorthwyo darllenwyr. Y cyfnod gwaethaf oedd diwedd y prynhawn, wrth geisio clirio pawb allan cyn troi am adre. Byddai dau ddarlithydd, yn arbennig, yn fy ngwylltio'n gacwn wrth iddynt, yn ddi-ffael, gyrraedd bob prynhawn tua phum munud i bump. Wrth fy nesg, yn ysu am fynd adre, byddwn yn cynllwynio pob math o farwolaethau poenus ar eu cyfer.

Ym mis Awst 1962, fe daflodd marwolaeth ei gysgod dros fy mywyd. Marwolaeth Nhad yn 69 oed.

Gan i Nhad farw yn ystod wythnos a ddylasai fod yn wythnos o wyliau i mi, roeddwn yn disgwyl, yn ddigon naturiol, y cawn wythnos arall yn rhydd i ddod dros y boen. Ond na. Claddwyd Nhad ar ddydd Sadwrn ac roeddwn i 'nôl wrth fy ngwaith y bore Llun dilynol. Ni welodd y Llyfrgellydd yn dda i gynnig i mi hyd yn oed ddiwrnod ychwanegol yn rhydd. O hynny allan penderfynais wneud cyn lleied o waith ag y medrwn.

Gwaethygodd fy nheimladau at fy nghyflogwyr yn dilyn digwyddiad arall. Fel aelod o'r staff, roedd modd i mi sefyll gwahanol arholiadau er mwyn dringo'n uwch yn y proffesiwn. Ond gan fod gen i eisoes dri phwnc Lefel 'A', roedd gen i'r hawl i osgoi'r arholiad cyntaf. Fe ddylai hynny fod wedi golygu codiad cyflog o chweugain yr wythnos i mi, hynny yw, hanner can ceiniog yn ôl arian heddiw. Gwrthodwyd fy nghais.

Ond roedd i'r gwaith ei fanteision. Fe gawn i'r cyfle i ddarllen yn eang, yn arbennig felly pan oeddwn ar fy mhen fy hun fel gweinyddwr y Llyfrgell Glasurol ac Ieithoedd Modern. Ac o fewn dwy flynedd ar ôl cychwyn yn y gwaith, fe agorwyd adran lenyddiaeth Americanaidd. Darllenais rai cannoedd o lyfrau — nofelau Steinbeck a Hemingway, cerddi Robert Frost ac e.e. cummings, dramâu Eugene O'Neil a Tennessee Williams. Llwyddwn i wneud hyn drwy gadw llyfr mewn drôr a chadw'r drôr ar agor wrth i mi ddarllen.

Yna, o glywed y drws yn agor, byddwn yn cau'r drôr ac yn rhyw esgus gweithio — mendio neu lythrennu llyfr, er enghraifft — ar y ddesg.

Drwy'r dull hwn, yn Llyfrgell y Clasuron, y darllenais am y tro cyntaf *Un Nos Ola' Leuad* Caradog Prichard, wedi i'r catalogiwr adael copi yno mewn camgymeriad. Fe'i darllenais mewn un eisteddiad, gan anghofio fy awr ginio wrth wneud hynny.

Cyfnod tlawd a rhwystredig fu hwn i mi. Ond doeddwn i ddim yn hunan-dosturiol. Wedi'r cyfan, doedd neb i'w feio ond mi fy hun. Byddwn yn anghofio diflastod fy ngwaith bob dydd drwy fynychu'r dafarn bob nos, ac am gyfnod bu bron iawn imi golli gafael ar bethau.

Diolch byth, roedd gen i gyfaill dibynadwy yn Non Evans, neu Pecs, fel y câi — ac fel y caiff — ei adnabod. Ac os oes gen i unrhyw ran o gwbl mewn llunio pennod o hanes cymdeithasol Pontrhydfendigaid, gallaf ddweud mai fi a Pecs oedd y ddau fachgen ifanc cyntaf i yfed yn gwbl agored yn nwy dafarn y pentre. Byddai bechgyn eraill, rhai dipyn yn hŷn na ni, yn yfed yn rheolaidd, ond oddi cartref yn unig. Rwy'n falch i Pecs a mi roi diwedd ar y rhagrith hwnnw.

Cofiwch, fe fyddai'r ddau ohonom yn mynychu'r capel hefyd, yr Ysgol Sul a'r gwasanaeth nos. Nid bod ein ffyddlondeb a'n teyrngarwch i Fethodistiaeth yn deillio'n gyfan gwbl o argyhoeddiad ysbrydol. Byddai dwy chwaer, Janet ac Elinor Jones, hefyd yn mynychu'r union oedfaon ac yn eistedd un côr o'n blaen. Ac roedd gennym fwy o ddiddordeb yn y rheiny nag yn y maes llafur a'r bregeth.

Tua'r adeg hon y dechreuais i ganlyn Jên, ac roedd ffrind agos i mi, Tom Edwards, neu Twm Glangorsfach, yn canlyn ffrind iddi, sef Meira, a oedd yn gyfnither i mi. Âi'r pedwar ohonom i bob man gyda'n gilydd, a diwedd y gân fu i mi briodi Jên ac i Tom briodi Meira. Yna daeth trychineb i fywyd Tom. Collodd ei rieni a'i wraig o fewn ychydig flynyddoedd. Do, bu farw Meira o'r cancr yn fam ifanc. Pwy oeddwn i i gwyno am fy myd?

Rhyw gymysgedd o'r melys a'r chwerw fu fy mlynyddoedd yn y llyfrgell. Tua diwedd fy nghyfnod yno, dechreuais gyfrannu ambell stori i'r *Cymro* ynghyd â hanesion lleol i'r *Cambrian News*.

Fe wnes ambell gais am swyddi eraill — cefais gyfweliad, aflwyddiannus, gan gwmni teledu WWN. Cynigiais hefyd am swydd golygydd papur yr Urdd, ond ni chefais hyd yn oed gyfweliad. Roeddwn i'n araf ddod i'r casgliad mai pydru yn Llyfrgell y Coleg tan ddydd fy ymddeoliad fyddai fy rhan.

Ond ddiwedd 1966, yn gwbl annisgwyl, cefais wahoddiad i fynd draw i swyddfa'r *Cymro* yng Nghroesoswallt am gyfweliad ar gyfer swydd newyddiadurwr, ac fe'i cynigiwyd i mi.

Yn y cyfamser, fe sibrydodd hen gyfaill i mi, Peter Davies, Goginan, air bach yng nghlust golygydd y *Cambrian News*, Douglas Wright, i'r perwyl fod gennyf ddiddordeb mewn swydd newyddiadurol. Cefais gynnig swydd yno heb unrhyw gyfweliad, a chan ei bod hi'n swydd ar garreg fy nrws, fe'i derbyniais yn llawen.

Roedd saith mlynedd o waith llyfrgell hunllefus ar ben. Wynebais y Nadolig gyda llawenydd. Roeddwn i gychwyn ar fy swydd newyddiadurol ddechrau'r flwyddyn newydd. Oedd, roedd blwyddyn newydd dda ar y gorwel ac edrychwn ymlaen at Galan hapus, mor hapus â'r Calan hwnnw a fwynhaodd Pecs a minnau gymaint, ychydig flynyddoedd yn gynharach.

'Calennig,' meddai Pecs, gyda'i ddawn arbennig i grynhoi gweledigaeth chwyldroadol i un gair, a'i fethiant arferol i gyfleu unrhyw synnwyr wrth wneud hynny.

O sylweddoli fy mod i yn hollol yn y niwl, manylodd ryw ychydig gan atalnodi ei ddatganiad esboniadol â sipiadau cyson o'i beint.

'Calennig . . .' llwnc '. . . nos yfory . . .' llwnc '. . . fi a ti . . .' llwnc '. . . mynd mas i ganu . . .' dau lwnc.

O ddeall yn fras rediad ei feddwl, gorchwyl anodd ar y gorau, a thasg bron yn amhosibl am ddeg o'r gloch yn y Red Leion, gwnes ymgais ofer i brotestio.

'Ond rown i'n meddwl ein bod ni'n mynd mas 'da'r côr nos fory i godi arian at y Clwb Ffermwyr Ifenc. Yn fan'ny bydd y merched.'

'Rwy wedi bod yn meddwl . . .' proses beryglus i Pecs '. . . Ar hyd y pentre y bydd y côr yn mynd. Fe awn ni ar hyd y ffermydd,' meddai, gan gnocio tîn ei wydr gwag ar fformeica'r cownter. 'Ma' pawb yn gwbod fod digon o arian 'da ffarmwrs, ac ar ôl y drafferth o gerdded milltirodd i ganu, fe fydd gas 'da nhw wrthod. Fe godwn ni ddeg i bymtheg punt — mwy na'r côr i gyd gyda'i gilydd — a'u rhoi nhw at achos da.'

'Fel beth?'

'Fel unrhyw beth ond y Genhadaeth Dramor. Dw'i ddim yn leico'r syniad o hala dynion gwyn i Affrica i 'weud wrth y nêtifs shwd ma' nhw i fod yn blant bach da, a pheido â byta'i gilydd. Shwd fydde ti'n leico 'tae clobyn o ddyn du yn dod 'ma ar 'i feic i 'weud wrthon ni am newid ein ffordd o fyw — stopo yfed, a phethe fel'ny?'

'Pwynt digon teg,' meddwn i. 'Ond beth am y merched?'

'Wfft iddyn nhw. Hyd yn o'd 'tae ni'n câl mynd adre 'da un ohonyn nhw, rhyw gusan bach fydde'n eitha ni. A fe fydde hynny fel cusanu letusen wlyb.'

Y noson wedyn, Nos Calan, roedd Pecs yn fy nisgwyl yn ddiamynedd ar y sgwâr am hanner awr cyn hanner nos. Yno hefyd roedd aelodau'r côr yn araf grynhoi, hwythau'n credu, yn ddigon naturiol, y byddem yn ymuno â nhw. Ond ar ein ffordd tua'r Mans, man cyfarfod y côr, dyma sleifio am y llwybr cefn.

Roedd y borfa ar ddôl Tŷ-mawr yn bigau o rew, fel blew brwsh câns. Crensian ein traed a sibrwd isel afon Teifi oedd yr unig sŵn i darfu ar dawelwch y nos serennog, gyda'r lleuad yn pipo'n slei dros ysgwydd Pen y Bannau. Merch swil yn nawns y sêr.

'Cornfflêcs,' meddai Pecs.

'Beth?'

'Cornfflêcs. Sŵn ein traed ni yn y borfa. Fel sŵn rhywun yn byta cornfflêcs.'

'Gafar yn byta cols.'

'Buwch yn cnoi crîm cracyr.'

'Weles i 'run fuwch yn byta crîm cracyrs.'

'Petai hi'n byta crîm cracyrs, sŵn fel'na fydde hi'n 'neud.'

Pecs, wrth gwrs, oedd trefnydd y daith. Cychwyn yn Nôl-ebolion. Ymlaen i'r Fynachlog Fawr. Yna croesi'r banc am Gilfach-y-dwn Fawr, Gilfach-y-dwn Fach, Hafod y Rhyd a Bryn-eithinog. Croesi afon Fflur am yr Hen Fynachlog a

Bryn-mwyn. Yna ar draws y ffordd fawr am Ddôl-yr-Ychain a Bryn-hope. Felly, o leiaf, oedd pethe i fod.

Gobaith Pecs oedd derbyn o leiaf bunt ym mhob lle. 'Ac os codwn ni ddeg punt, dyna bumpunt yr un i ni.'

'Ond beth am yr achos da?'

'Fedri di feddwl am achos gwell na ni'n dau?'

'Ni'n tri,' cywirais ef, o weld cysgod ar y bompren. Gwyddwn ar unwaith pwy oedd yno. Dim ond Dai fyddai allan yr adeg honno o'r nos, yn gwylio'r afon fel creyr, er nad oedd unrhyw beth i'w weld yno, ei Wdbein dragwyddol yn rhan annatod o'i wefus isaf.

'Mynd i ganu?' gofynnodd, heb godi ei olygon o'r afon anweledig.

'Na,' meddai Pecs. 'Mynd i brynu buwch i Ddôl-ebolion.'

'Rwy'n dod 'da chi,' cyhoeddodd Dai, heb boeni am unrhyw beth mor ddibwys â gwahoddiad. Taniodd Wdbein wyryfol arall o dân y chwarter modfedd a oedd yn weddill o'i rhagflaenydd cyn taflu'r stwmpyn i'r dŵr.

'Beth yw hi i fod?' gofynnais, wrth godi cliced llidiart clos Dôl-ebolion, a'r cŵn eisoes yn cyhoeddi ein dyfodiad.

'Calon Lân,' cyhoeddodd Pecs. 'Ma' pawb yn gwbod honno.'

A dyma'i tharo hi . . . 'Niiiid wy'n go-fyn byw-yd moeth-us . . .'

Ac, yn wir, mae'n rhaid ein bod ni wedi cael hwyl arni. Ar ganol y cytgan dyma un o ffenestri'r llofft yn agor a llais rhywun anweledig yn dymuno blwyddyn newydd dda gysglyd i ni. Ond yr hyn oedd yn fiwsig i'n clustiau oedd tincial arian ar y clos. Ac yno, yng ngolau'r lloer, gorweddai pedwar hanner coron yn union fel petai pedair seren wedi ffarwelio â'u ffrindiau uwchben a dod lawr am dro.

'Dechrau da,' meddai Pecs, gan ei ethol ei hun yn drysorydd. 'Fe'u rhannwn ni nhw ar y diwedd.'

Ar y ffordd i'n cyhoeddiad nesaf, tra oedd Dai yn tanio Wdbein arall, llwyddais i sibrwd wrth Pecs.

'Dim ond ni'n dau oedd yn canu. Chlywes i'r un nodyn gan Dai.'

'Fe sylwes inne. Ond aros di. Yn y Fynachlog Fawr fe gaewn ni'n cege yn sydyn ar ôl y lein gynta i gâl gweld be 'neith e.'

Erbyn hyn, atebai cŵn y Fynachlog gŵn Dôl-ebolion, ac o'n hôl medrem glywed y côr yn canu yn rhywle tua'r pentre. Cyrraedd y fferm a bwrw'r nodyn cyntaf gyda grym . . . 'Niiid wy'n go-fyn byw-yd moeth-us . . .' Ac yna, ffwl-stop. Ond ddim tawelwch, chwaith. O enau Dai daeth rhyw fewial cwynfanllyd, fel cath â'i nawfed bywyd yn araf ddirwyn i ben.

'M . . . i . . . i. M . . . i . . . i. M . . . i . . . i.

'Ha! Ha! Ha!' bloeddiodd Pecs, gan ei gwadnu hi'n ôl dros y llwybr, minnau'n dynn wrth ei sodlau, gan adael Dai i wynebu pa ffawd bynnag a'i hwynebai.

Nid arhosom nes cyrraedd yn ôl at y bompren ac yno bu'r ddau ohonom yn rholio chwerthin. Ymhen rhyw ddeng munud cyrhaeddodd Dai. O'i boced tynnodd allan bedwar hanner coron.

'Pam redoch chi bant? Fe ges i bunt. Edrychwch.'

Erbyn i ni gyrraedd y pentref roedd aelodau'r côr ar chwâl, ac yn anelu am eu cartrefi. Ac yna fe atgoffodd Dai ni am yr arian gawson ni yn Nôl-ebolion. Estynnodd Pecs hanner coron yr un i fi a Dai gan roi un arall yn ei boced. Roedd un, felly, dros ben.

Pwy oedd yn mynd i gael hwnnw?

'Fe doswn ni lan,' medde Dai. 'Os ma' heds fydd hi, fi fydd pia hi.'

Ac wrth gwrs, heds oedd hi.

Trodd Dai am adre, gyda'i boced bunt a chweugain yn gyfoethocach. Ond cyn i Pecs a minnau ffarwelio, dyma'r Gweinidog yn dod i'n cyfarfod.

'Gawsoch chi hwyl ar y canu?' gofynnodd Pecs.

'Do wir,' meddai'r Parchedig. 'Fe godon ni dros ddeg punt. Ond welais i mo chi'ch dau, chwaith. Lle buoch chi?'

Cyn i mi gael amser i agor fy ngheg dyma Pecs yn ateb yn sobr, 'Fe fuon ni'n dou yn y gwasanaeth yn yr Eglwys yn gweddïo dros y flwyddyn newydd.' A chan durio'n ddwfn i'w boced dyma fe'n estyn hanner coron i'r Gweindiog. 'Gan fod y côr wedi codi cymaint o arian at y Clwb, cymerwch hwn. Dyma'n cyfraniad ni at y Genhadaeth Dramor. Falle bydd e'n help i ddysgu plant bach duon, ne' rywbeth tebyg.'

Gadawsom y Gweinidog yn syllu ar yr hanner coron oedd ar gledr ei law gan grafu ei ben mewn dryswch llwyr. Hebryngodd Pecs fi mor bell â Bryn Crach, a chyn iddo droi am adref, gwelsom oleuadau'r pentre yn diffodd o un i un gan adael y nos i'r lloer a'r sêr.

'O, gyda llaw . . . Blwyddyn Newydd Dda, Pecs.'

'M . . . i . . . i,' mewialodd yntau. 'M . . . i . . . i.'

Troais am adre gan ddymuno, yn dawel, flwyddyn newydd dda i'r byd yn gyfan, i'r lloer a'r sêr, i'r coed a'r pridd, i blant bach duon y Genhadaeth Dramor, ac i Dai. Yn y pellter clywn Pecs yn mewial a chwerthin am yn ail.

'M . . . i . . . i. Ha! ha! ha!'

Distawodd ei lais yn araf yn y pellter ar ddechrau blwyddyn newydd.

Pennod 7

Fe fu bod yn newyddiadurwr yn freuddwyd i mi er pan oeddwn i'n fachgen ifanc. Wrth wylio ffilmiau am *gangsters* a llofruddion, yr arwr, yn amlach na neb, fyddai'r gohebydd papur newydd gyda thocyn y wasg yn ei het a fflasg wisgi yn ei boced.

Ond roedd y ddelwedd Holywood-aidd yn dra gwahanol i'r gwir, yn arbennig lle'r oedd gohebydd papur lleol fel y *Cambrian News* yn y cwestiwn. Roedd popeth ynglŷn â'r papur yn hen ffasiwn, o'i ddiwyg i'w swyddfeydd cyntefig a'i adran gysodi ac argraffu San Ffaganaidd.

Mae cysylltiad y papur ag Aberystwyth yn mynd yn ôl i 1873 gyda dyfodiad John Gibson i'r dref fel golygydd, gohebydd a rheolwr ar ran cwmni'r *Oswestry Advertiser*. Atodiad i'r papur hwnnw, y *Meirioneth Herald*, oedd cychwyn y *Cambrian News*. Cyhoeddwyd yr *Herald* gyntaf yn y Bala yn 1860, ond newidiodd ei enw i'r *Standard* bedair blynedd yn ddiweddarach ac yna newid unwaith eto, i'r *Cambrian News*, yn 1869.

Papur Rhyddfrydol fu'r wythnosolyn o'r cychwyn cyntaf, a pharhawyd â'r traddodiad hwnnw yn Aberystwyth. Prynodd Gibson y cwmni yn 1880 gan ei sefydlu fel papur sirol Ceredigion a Meirionnydd.

Yn 1915, gwerthwyd y cwmni i Arglwydd Rhondda, a'r flwyddyn wedyn gwahoddwyd Robert Read o'r *South Wales Echo* i fod yn rheolwr golygyddol. Yn 1926 penodwyd tad Robert Read yn gyfarwyddwr rheoli. Ac mae'r cwmni'n parhau ei gysylltiad â'r teulu. Fe'i prynwyd ganddynt yn y tridegau, a phan gychwynnais i weithio i'r papur roedd mab Robert, sef Henry, wrth yr awenau. Mae ei ddau fab yntau bellach yn rhedeg y busnes.

Er ei fod yn berchennog y papur, ni welais Henry Read erioed yn ceisio dylanwadu ar y cynnwys. Fe'i cefais yn ŵr bonheddig, egwyddorol. Fel capelwr pybyr, heriai unrhyw ymgais at ymyrraeth allanol, a châi ei ystyried yn un na phlygai byth tan bwysau pobl ddylanwadol, fel aelodau o'r Seiri Rhyddion, pan geisient ffafrau.

Roedd y papur yn dal yn Rhyddfrydol ei draddodiad ddiwedd y chwedegau, gan bledio achos Roderick Bowen ym mhob etholiad cyffredinol. Ac er nad yw mor amlwg ei gefnogaeth wleidyddol erbyn hyn, caiff ei ystyried o hyd yn bapur Rhyddfrydol.

Fe fu hefyd, ar hyd y blynyddoedd, yn bapur llwyddiannus o ran ei gylchrediad. Gwerthai, yn 1968, ychydig dan 30,000 o gopïau bob wythnos, rhwng Aberteifi yn y de a Bryncir yn y gogledd. Ymestynnai ei werthiant ledled y Canolbarth, drwy Ddyffryn Dyfi a draw i gyffiniau'r Bala.

Pan gychwynnais i fel cyw-ohebydd ar ddechrau 1967, roedd i'r papur bum gwahanol argraffiad bob wythnos — y De, Aberystwyth, Dyffryn Dyfi, Meirionnydd a'r Gogledd. Golygai hyn gryn newidiadau o argraffiad i argraffiad. Byddai'r newyddion lleol yn wahanol ym mhob un, a byddai'r stori flaen, fel arfer, yn newid yn ogystal. Ac roedd e'n bolisi pendant na cheid unrhyw stori Gymraeg ar y dudalen flaen. Ond uniaith Gymraeg, bron iawn, fyddai'r newyddion o'r pentrefi a anfonid i mewn gan ohebyddion lleol.

Ar wahân i ryddid newydd, daeth bendith llawer mwy materol o ymuno â'r *Cambrian News*. Dyblwyd fy nghyflog i tua £25 yr wythnos. Ac roedd i'r swydd statws hefyd.

Pan gychwynnais yno fel Golygydd Cymraeg, gwnaeth y golygydd, Douglas Wright, yn fawr o'r ffaith fy mod mewn olyniaeth ddisglair. Yn y swyddfa o'm blaen buasai cewri fel T Glynne Davies, Dewi Morgan, ac un o'm harwyr mawr, Caradog Prichard. O sylweddoli hynny, deuthum at fy nghoed yn go sydyn.

Eraill a fwriodd eu prentisiaeth yn y *Cambrian News* cyn mynd at bethau uwch oedd Tom Evans a Herbert Williams, y ddau'n mynd ymlaen i'r BBC, a Tim Jones, sy'n dal yn ohebydd gyda'r *Times*.

Ni ellid disgrifio Doug Wright fel gohebydd dadleuol o ran ei newyddiaduraeth. Ond fel golygydd, roedd ei allu i feithrin cyw-ohebyddion yn chwedl. Doedd dim byd yn fentrus yn ei agwedd. I'r gwrthwyneb, pregethai bwyll bob amser. Ei arwyddair mawr oedd, '*When in doubt, leave out*'. Ac i bapur lleol wythnosol, a oedd yn canolbwyntio ar newyddion lleol — angladdau, pwyllgorau, achosion llys ac ati — roedd hwn yn gyngor synhwyrol.

Credai mewn taflu gohebydd newydd i'r dwfn o'r cychwyn cyntaf. Cyn pen dim fe'm cefais fy hun yn adrodd ar gyfarfodydd y Cyngor ac ar achosion yn Llysoedd Ynadon Aberystwyth, Llanbadarn Fawr a Thal-y-bont. Ac o dderbyn adroddiad, âi Doug drwyddo â chrib fân, nid yn unig er mwyn cywiro a gwella arddull, ond hefyd er mwyn esbonio'r rheolau anysgrifenedig a benderfynai beth a ganiateid a beth na chaniateid ei wneud yn hysbys o blith gweithgareddau gwahanol bwyllgorau a llysoedd barn. Ni wn am unrhyw un gwell am osod seiliau a chanllawiau gohebu cywir ond diogel. Prawf o hynny yw'r ffaith na fedraf gofio am un achos o enllib yn cael ei ddwyn yn erbyn y papur tra bu Doug wrth yr awenau.

Tipyn o sinic oedd Doug, ac roedd ei hiwmor sych yn chwedl. Rwy'n cofio un gohebydd yn rhuthro i mewn i stafell y newyddiadurwyr un bore â'i wynt yn ei ddwrn. Roedd e newydd glywed bod posibilrwydd o achos o lofruddiaeth yn Greenfield Street. Wnaeth Doug ddim hyd yn oed codi ei ben o'r *Western Mail* oedd dan ei drwyn.

'On'd ydi'r byd yma'n mynd â'i ben iddo,' meddai'n sychaidd. 'Fe dorrodd rhywun ffenest yn Eastgate neithiwr hefyd.'

Dro arall daeth i mewn i'r stafell, yn pwffian yn hamddenol ar ei bib, yn chwilio am un o'r gohebwyr, a chanfod mai dim ond un oedd yno.

'Weithiau,' meddai Doug, 'pan fydda i'n dod i mewn i'r stafell 'ma, rwy'n teimlo fel petawn i ar *poop deck* y Marie Celeste.'

Cofiaf wedyn am gymeriad rhyfedd iawn a ddaeth yn gyfeillgar â'r gohebwyr, gŵr cydnerth a wisgai fel hurfilwr ac a adroddai storïau cwbl anhygoel am ei gampau. Broliai, er enghraifft, mai ef oedd dyfeisiwr y bom niwtron.

Roedd hi'n amlwg fod y gŵr yn dioddef o salwch meddwl, ac roedd hi'r un mor amlwg y gallai droi'n gas. Felly dyma benderfynu cadw cyn belled oddi wrtho ag oedd yn bosib. Ond un dydd dyma fe'n galw yn y dderbynfa ac yn gofyn am un o'r gohebwyr. Hysbysodd yr ysgrifenyddes ef nad oedd neb am ei weld. Gwylltiodd y gŵr yn gacwn a bygythiodd ddychwelyd gyda gwn i saethu pob gohebydd oedd yno. Wedi ei brawychu'n llwyr, hysbysodd yr ysgrifenyddes Doug o'r perygl. Ond ni chyffrôdd o gwbl.

'Mae e'n mynd i saethu'r gohebwyr i gyd, ydi e? Wel, fe fydd e'n fwy lwcus na fi os gall e eu ffeindio nhw.'

Unwaith erioed y cafodd Doug a minnau eiriau croes. Cefais fy ngholofn Gymraeg fy hun, o dan y teitl 'Yma a Thraw', lle'r ysgrifennwn o dan y ffugenw 'Teifi'. Un wythnos, ymosodais yn chwyrn ar y bwriad o arwisgo'r Tywysog Charles yn Dywysog Cymru. Er na fedrai Doug ddeall y cynnwys, roedd hi'n amlwg fod rhywun i lawr yn yr adran argraffu wedi cwyno ac wedi cyfleu'r ystyr iddo. Bu'n ddadl boeth rhyngom, ac fel golygydd, ef a enillodd. Tynnwyd y golofn o'r papur yr wythnos honno.

Mae Doug yn dal i droi i mewn i roi help llaw i'r adran olygyddol unwaith yr wythnos, hynny ar ôl dros drigain mlynedd yn y gwaith.

Ond os Doug oedd y golygydd, nid ef oedd yn cael y gair olaf bob amser. Petai tudalen yn orlawn, ac angen tynnu copi allan — ac fe ddigwyddai hynny'n aml gyda'r dudalen flaen — y gŵr a benderfynai beth a faint o gopi i'w dynnu allan oedd fforman y stafell argraffu a chysodi, Wil Davies neu Wil Bach. Gair Wil oedd y gair olaf, a gwyddai pawb hynny, gan gynnwys y golygydd.

Bu fy nghyfnod fel gohebydd a Golygydd Cymraeg y *Cambrian News* yn gyfnod hapus iawn. Adeg gwyliau Coleg byddwn yn treulio pob awr ginio yng nghwmni Peter Davies, Goginan, a oedd ei hun â phrofiad o weithio ar y papur. Treuliem lawer o'n hamser yn y Siop Lyfrau Cymraeg yn y Stryd Fawr yn sgwrsio â hwn a'r llall. Un o'r ffyddloniaid fyddai Ifan Jones, gwerthwr a thrwsiwr clociau a watsys — a bardd arbennig o dda. Pan na fyddai y tu ôl i gownter ei siop fach yng nghefn

Neuadd y Brenin, byddai'n crwydro'r dre yn chwilio am unrhyw stori ddiddorol o'r byd llenyddol a barddonol.

Ni welwyd erioed well ditectif eisteddfodol nag Ifan. Yn ystod y dyddiau cyn dyddiad cau adran lenyddol yr Eisteddfod Genedlaethol bob blwyddyn, byddai'n treulio oriau yn gwylio ar draws y ffordd o'r swyddfa bost er mwyn gweld pa fardd fyddai'n postio llythyr. Roedd ei wybodaeth, rhag blaen, am bwy fyddai'n ennill beth yn anhygoel.

Pan gynhaliwyd Eisteddfod Teulu Pantyfedwen am y tro cyntaf ym Mhontrhydfendigaid, Ifan a ddewiswyd i archebu'r Goron. Pan alwodd John, mab yr ysgrifennydd llên, Dafydd Jones, Ffair Rhos, i nôl y Goron, gwrthododd Ifan yn lân â'i gollwng o'i law nes cael gwybod pwy oedd yn mynd i'w hennill.

Roedd, ac mae, Peter, yn dynnwr coes di-ail, ac fe lwyddai i wylltio Ifan yn gacwn drwy ei fwydo â storïau ffug. Ac ni fyddai maddeuant am rai dyddiau.

Treuliais ychydig dros ddeunaw mis gyda'r *Cambrian News*. Fe fyddwn wedi bod yn ddigon hapus yn parhau yno. Ond daeth swydd yn rhydd ar *Y Cymro*, a'r tro hwn, yn hytrach na chynnig swydd i mi yng Nghroesoswallt, penderfynodd y golygydd, Llion Griffiths, y cawn weithio yn ardal Aberystwyth. Wnes i ddim meddwl ddwywaith. Dyma swydd wrth fy modd. Nid yn unig roedd hi'n golygu y cawn weithio'n gyfan gwbl yn Gymraeg, ond golygai hefyd y byddwn, i bob pwrpas, yn medru trefnu fy rhaglen waith fy hun. Y fi fyddai'n chwilio am storïau ac yna'n eu llunio yn fy amser fy hun. Y fi hefyd fyddai â'r cyfrifoldeb o drefnu'r lluniau.

Cychwynnais weithio o'm cartref ym Mhontrhyd-fendigaid cyn cael swyddfa fach uwchben Siop y Pethe yn Aberystwyth. Yna, wedi priodi, gweithiwn yn gyntaf o fflat dair stafell, a ddaeth yn gartref i Jên a minnau, uwchben siop ddodrefn yn Chalybeate Street. Yna prynasom dŷ mewn stryd â'r enw addas Grays Inn Road, cyn symud i dŷ mwy o faint ar waelod Rhiw Pen-glais.

Gan na wnes i erioed ddal trwydded yrru lawn, roeddwn i'n ddibynnol am gludiant, i raddau helaeth, gan y ffotograffwyr. A bûm yn ffodus iawn mewn dynion camera o'r dechrau. Y cyntaf oedd Ron Davies, Aberaeron. Mae Ron yn gwbl unigryw. Nid yn unig y mae'n ffotograffydd gwych ond llwyddodd hefyd i oresgyn anhawster a fyddai wedi llorio'r rhan fwyaf o bobl. Yn y pumdegau dioddefodd ddamwain foto-beic ddifrifol a adawodd ei gorff, o'i freichiau i lawr, yn ddiffrwyth.

Gwrthododd Ron ildio i'r anhap ac aeth ati i dynnu lluniau yn ei gadair olwyn. Teithiais rai cannoedd o filltiroedd yn ei gwmni. Byddai disgwyl i mi, yn naturiol, wthio Ron yn ei gadair i fannau digon anodd. Ond pleser fu hynny, nid gorchwyl.

Gallasech ddisgwyl y buasai cael ei gaethiwo i'w gadair olwyn wedi suro Ron. Dim o'r fath beth. Yn wir, i'r gwrthwyneb, byddai bob amser mewn hwyliau da, yn llawn afiaith ac yn byrlymu o hiwmor.

Pan ymunodd ei fab, Philip, â'r busnes, bu yntau yn gwneud llawer o waith i'r *Cymro*, a bu yr un mor gydwybodol â'i dad.

Wedyn daeth ffotograffydd arall i'r amlwg. Dysgu'r

grefft ei hun a wnaeth Ray Daniel o Landdewibrefi. Gweithiai bob haf gyda chwmni Glossop yn tario ffyrdd, ac fel hobi yn unig y dechreuodd dynnu lluniau.

Ar ôl llwyddo i gael ambell lun yn *Y Cymro* ac yna mewn cyhoeddiadau eraill, penderfynodd fynd ar ei liwt ei hun gan ddatblygu i fod yn ffotograffydd rhyfeddol. Cydweithiodd y ddau ohonom mewn dwsin a mwy o Eisteddfodau Cenedlaethol cyn iddo ymuno â'r *Cambrian News* a chyfrannu i gyfnodolion a phapurau dyddiol ledled gwledydd Prydain.

Erbyn hyn mae Ray wedi arbenigo ar dynnu lluniau rasys moto-beics ac fe'i hystyrir ymhlith yr hanner dwsin gorau sy'n ymwneud â'r fath waith. Mae'n treulio pob haf yn dilyn y syrcas moto-beics *Grand Prix* o wlad i wlad ledled Ewrop a thu hwnt.

Roedd gan *Y Cymro* ffotograffwyr ar y staff wrth gwrs. Bûm yn ddigon ffodus i dreulio ambell ddiwrnod yng nghwmni Geoff Charles. Wedyn bûm yn cydweithio â Tecwyn Jones. Ond yn y gogledd y byddai'r ddau'n gweithio fwyaf.

Wedi i Ray Daniel droi at ei waith presennol, daeth ffotograffydd arall i'r fei, un a wnaeth, fel Ray, ei addysgu ei hun. Gweithio mewn garej yn Llambed oedd Arvid Parry Jones pan drawyd ef gan salwch. Bu'n rhaid iddo roi'r gorau i'w swydd a throdd at waith llai corfforol — tynnu lluniau.

Ni fu Arvid fawr o dro cyn datblygu i fod yn feistr ar ei grefft. Ni chefais y fraint o weithio gyda neb erioed â chalon fwy nag un Arvid. Dyma un o'r cymwynaswyr mwyaf erioed. Doedd dim yn ormod iddo. Yn wir, os oes bai arno o gwbl, mae'n rhy ffeind er ei les ei hun.

Erbyn hyn mae ganddo'i fusnes tynnu lluniau ei hun yn Nhal-y-bont, ac mae un o'i feibion, Robert, bellach yn rhan o'r cwmni. Os oes rhywun yn haeddu llwyddo, Arvid yw hwnnw.

Treuliais ymron ddeunaw mlynedd ar *Y Cymro*, deunaw mlynedd hapus pan na fu unrhyw air croes rhyngof a'r golygydd. Cawn dragwyddol heol gan Llion i fynd ar ôl pa stori bynnag y dymunwn ei dilyn.

Daeth ambell sgŵp. Y mwyaf, hwyrach, fu achlysur ffilmio *Under Milk Wood* yn Abergwaun yn y saithdegau, pan drowyd rhan isaf y dre yn bentref Llaregub. Awgrymais wrth Llion y byddai'n beth da petawn i a Ray Daniel yn mynd lawr yno ar sbec. Cytunodd Llion ar unwaith.

Dyma gyrraedd Abergwaun a throi i mewn i dafarn fach dawel. Dim sôn o gwbl am na'r actorion na'r criw ffilmio. Felly dyma fi'n codi peint tra bod Ray, sy'n llwyr-ymwrthodwr, yn mynd am dro i chwilio am destun llun.

Ar ôl tua deng munud yn y bar, fe drois am y tŷ bach. Ond yn ystod yr ychydig funudau y bûm yno roedd y bar wedi llenwi. Y peth cyntaf a ddaeth i'm meddwl oedd achub fy mheint, a draw â fi at y cownter lle'r oedd gŵr mewn hen gôt armi yn sefyll rhyngof a'm peint o gwrw. Tynnais ei sylw at y ffaith, ac fe drodd i'm hwynebu gyda'r geiriau —

'Mae'n ddrwg gen i, ond wnawn i byth sefyll rhwng dyn a'i beint.'

Bu bron i mi fynd drwy'r llawr. Richard Burton oedd e. Ond buan y trodd sioc yn awydd am stori. Dechreuais ei holi am hyn a'r llall.

'Mae'n dda clywed eich bod chi'n dal i siarad Cymraeg.'

'Fe fyddwn i'n siarad mwy, a gwell Cymraeg, petai pawb fel chi yn mynd ati i siarad Cymraeg â fi,' oedd ei ateb, cyn mynd ymlaen i sôn am harddwch y fro.

'Beth fyddai Liz Taylor yn feddwl o'r dre?' gofynnais. A dyma fe'n ateb.

'O'i nabod hi, mwy na thebyg y gwnâi hi brynu'r lle.'

Yn y bar roedd T H Evans o Gastellnewydd Emlyn, sef yr Eli Jenkins gwreiddiol pan lwyfannwyd *Under Milk Wood* yn Llundain am y tro cyntaf. Yn chwarae rhan y Llais Cyntaf yn y llwyfaniad hwnnw roedd Richard Burton. Gwyddwn fod T.H. wedi dod i Abergwaun yn unswydd i geisio cyfarfod â Burton, ond roedd y bar mor llawn fel nad oedd ganddo obaith. Tynnais sylw Burton at bresenoldeb T.H., ac ar unwaith fe ganslodd y ffilmio am weddill y dydd, gan logi stafell gefn y gwesty i gael sgwrs â'i hen ffrind. Ac yng nghysgod hwnnw, cefais innau brynhawn hynod ddifyr yno, gyda Burton yn dynwared arddull nifer o hen bregethwyr. Bu hwnnw yn ddiwrnod i'w gofio, ac fe gefais i a Ray ddeunydd nid yn unig ar gyfer y tudalennau canol ond ar gyfer y dudalen flaen yn ogystal.

Bu'n ddiwrnod proffidiol i T.H. hefyd. Llwyddodd Burton i berswadio'r cyfarwyddwr, Andrew Sinclair, i roi rhan fach i T.H. yn y ffilm.

Un gorchwyl a ddeuai i'm rhan yn aml fyddai gwahanol achosion Cymdeithas yr Iaith Gymraeg. Fe fu diwedd y chwedegau a dechrau'r saithdegau yn gyfnod cyffrous iawn o ran achosion o'r fath.

Un cefnogwr selog yn y gwahanol achosion hyn fyddai D. J. Williams. Ac ar ddiwedd achos, yn ddieithriad, fe ddeuai drosodd i gael sgwrs, a honno'n sgwrs a fyddai'n gorffen bob tro gydag anogaeth i roi sylw teilwng i'r Gymdeithas ar dudalennau'r *Cymro*. Fe geisiais fy ngorau i wneud hynny.

Dyna pam roedd hi mor bwysig nad oedd gen i unrhyw gysylltiad swyddogol â mudiad gwleidyddol neu led-wleidyddol. Fedrai neb wedyn gyhuddo'r *Cymro* o fod yn unochrog oherwydd bod gohebydd yn aelod o'r mudiad hwn neu'r llall.

Yr enghraifft orau o hyn oedd achos cynllwynio'r Saith yn Abertawe yng ngwanwyn 1971. Sail yr achos oedd erthygl ar dudalen flaen *Y Cymro* yr hydref blaenorol, erthygl ar Gyfarfod Blynyddol y Gymdeithas lle pasiwyd cynnig a oedd yn galw am ddifrodi arwyddion uniaith Saesneg. Gorfodwyd fi, drwy *subpoena*, i fynd i'r llys ar ran yr erlyniad.

Gwrthodais wneud unrhyw ddatganiad ysgrifenedig, felly fe'm cadwyd i am ymron bythefnos cyn fy ngalw fel tyst ola'r erlyniad. Fy mwriad gwreiddiol oedd gwrthod ymddangos. Ond yn ystod y bore, cyn i'r erlyniad fy ngalw, cynghorodd Dafydd Iwan, un o'r Saith, fi i fynd o flaen y llys fel y gallai ef fy nghroesholi. Teimlai y byddai hynny yn fwy o fantais i'r Gymdeithas na phetawn yn gwneud safiad drwy wrthod mynd i'r bocs tystion.

Emlyn Hooson oedd yn cynrychioli'r erlyniad a dechreuodd drwy ofyn i mi ddangos fy llyfr nodiadau o'r Cyfarfod Blynyddol, yn ôl gofynion y *subpoena*. Atebais drwy ddweud nad oedd y llyfr nodiadau gen i oherwydd i mi ei losgi. Bu bron iawn i'r Barnwr Mars Jones gael ffit o glywed hyn, nes i mi esbonio ei bod hi'n bolisi gen i i beidio â chadw llyfr nodiadau ar ôl tri mis, ac roedd dros dri mis wedi mynd heibio cyn i mi dderbyn y *subpoena*.

Daeth cyfle wedyn i Dafydd Iwan fy nghroesholi, ac fel atebion i'w gwestiynau, medrais sicrhau'r llys fod y Cyfarfod Blynyddol yn gwbl agored i'r cyhoedd ac na theimlwn felly y gallai arweinyddion y Gymdeithas fod yn euog o gynllwynio.

Ond llwyddodd Emlyn Hooson i'm rhwydo yn gyfrwys iawn. Gofynnodd i mi a oedd fy adroddiad ar y Cyfarfod Blynyddol yn gywir. Fy nadl i oedd nad fi yn unig oedd wedi adrodd ar y Cyfarfod Blynyddol. Roedd fy nghyd-ohebydd, Ioan Roberts, yno hefyd. Felly ar ôl ymron wyth mis, roedd hi'n amhosib i mi gofio pa ddarnau a ysgrifennwyd gen i a pha rannau a ysgrifennwyd gan Ioan. Dadl ddigon teg, ac un gwbl onest.

'Ydych chi'n nabod Dafydd Iwan?' gofynnodd Mr Hooson.

'Ydw,' atebais.

'Ydych chi'n ei adnabod yn dda?'

'Ydw.'

'Ydi Dafydd Iwan, ar unrhyw achlysur, wedi cwyno nad oedd adroddiad *Y Cymro* yn gywir?'

'Nag ydi.'

A dyna ddryllio fy nadl. Ond fe lwyddodd Dafydd i sefydlu, o leiaf, fod y Cyfarfod Blynyddol yn un cwbl agored i unrhyw un. A dyna oedd ei ddymuniad wrth fy nghynghori i fynd i'r bocs.

Penllanw pob blwyddyn newyddiadurol gyda'r *Cymro* fyddai'r Brifwyl. Roeddwn i wedi cychwyn llunio adroddiadau o'r Genedlaethol i'r *Cambrian News*, ond nid i'r un graddau, o bell ffordd, ag yr adroddwn i'r *Cymro*. Os rhywbeth, byddai'r wythnosau cyn yr Eisteddfod yn brysurach nag wythnos y Brifwyl ei hun. Byddai angen rhifyn swmpus iawn ar gyfer wythnos cyn yr Ŵyl, heb sôn am rifyn yr Ŵyl. Ac ar ben hynny, byddem yn cyhoeddi rhifyn arbennig ar ddydd Mercher neu ddydd Iau yr Eisteddfod.

O ran cyllid y papur, y prif gymhelliad dros sicrhau rhifynnau trwchus adeg yr Eisteddfod oedd denu cymaint â phosib o bobl i hysbysebu. A phan ddeuai'r Brifwyl i'r de, arnaf fi y disgynnai'r baich o lunio copi ar gyfer storïau lleol a hanesion, i gyd-fynd â'r hysbysebion. Ar gyfer Eisteddfod Bro Myrddin 1974 ysgrifennais gyfanswm o dros 16,000 o eiriau.

Doedd fy nghyfraniad ar gyfer Eisteddfod Aberteifi ddwy flynedd yn ddiweddarach fawr llai. Ymhlith y storïau ar gyfer rhifyn arbennig wythnos yr Ŵyl, roeddwn i wedi llunio dwy dudalen gyfan ar hanes teulu'r Cilie ac wedi llenwi'r dudalen ôl â phortread o Dic Jones.

Roeddwn wedi ymweld â Dic tua thair wythnos cyn yr Eisteddfod, a chael ganddo ef a Siân, fel arfer, groeso cynnes. Yna, wedi'r sgwrs a phaned, fe drodd y siarad, yn naturiol, at sibrydion eisteddfodol. Roeddwn i wedi clywed gan wahadden a weithiai yn Swyddfa'r Eisteddfod fod Jac Alun yn fuddugol ac yn ail ar yr englyn, newyddion wrth fodd Dic. Fel y digwyddodd hi, cafodd y ddau englyn gydradd gyntaf.

Dyma droi at y Gadair, a minnau'n datgelu wrth Dic i'r wahadden honni mai bardd newydd sbon, rhyw Richard Lewis Jones, oedd yn fuddugol.

'Diddorol iawn,' meddai Dic. 'Pwy all e fod, tybed?'

Fe ddaeth dydd Iau'r Cadeirio yn Aberteifi gydag un o'r stormydd Awst mwyaf, yn llenyddol, yn hanes yr Eisteddfod. Dic ei hun, wrth gwrs, oedd Richard Lewis Jones. Ond gwrthodwyd ei awdl am iddo, yn ôl y swyddogion, dramgwyddo un o'r rheolau, a chadeiriwyd Alan Llwyd.

Wedi'r storm, fe fu hi'n anodd iawn i mi ddarbwyllo Dic na wyddwn i mai ef a ddyfernid yn fuddugol yn wreiddiol. Cyd-ddigwyddiad hollol oedd i mi lunio portread ohono ar gyfer yr Eisteddfod. Ond bu'n gyd-ddigwyddiad ffortunus iawn i'r *Cymro*. Gyda phosteri yn cyhoeddi 'Y Bardd a Gadd ei Wrthod', gwerthwyd y rhifyn bron yn llwyr.

Do, diolch i Dic, fe gafwyd wythnos eithriadol o lwyddiannus. Ac er mai lleygwr llenyddol sy'n siarad, fe wrthodwyd y Gadair y flwyddyn honno i un o awdlau mwya'r ganrif.

Yn Eisteddfod Caernarfon 1979 y cefais i'r sgŵp mwyaf, er na fu'r *Cymro* fymryn elwach o'r herwydd. Dydd Mawrth y Coroni oedd hi, a minnau yn ôl fy arfer yn gwrando ar y feirniadaeth dros yr uchelseinydd yn Stafell y Wasg. Dyma, gyda llaw, oedd fy null i o lunio adroddiad ar y Coroni i'r *Cymro*. Câi'r dudalen flaen ei chadw ar agor tan tua 3.30 er mwyn derbyn hanes y Coroni ar gyfer rhifyn dydd Iau. Golygai hynny fod yn rhaid gweithio'n gyflym. Yr hyn a wnawn fyddai gwrando ar y feirniadaeth o'm desg ac yna, tua deng munud cyn y seremoni, fe gawn i a'r gohebwyr eraill daflen yn cyhoeddi enw a chefndir y bardd buddugol. Rhwng yr wybodaeth hon a'r feirniadaeth fe fyddwn yn llwyddo i ffonio'r stori i'r *Cymro* cyn i enw'r buddugwr gael ei gyhoeddi o'r llwyfan.

Yng Nghaernarfon, roedd y stori am y bardd buddugol, Meirion Evans. Ac roedd hi'n stori well nag arfer gan fod y dilyniant gorau, yn ôl y beirniaid, wedi ei wrthod am i reol gael ei thramgwyddo.

Wedi'r seremoni, roedd Stafell y Wasg yn ferw gwyllt wrth i bawb geisio canfod pwy oedd 'Ianws', ffugenw awdur y dilyniant a wrthodwyd. Ynghanol y twrw fe'm galwyd at y ffôn. Galwad oedd hi o'm cartref yn Aberystwyth oddi wrth T. James Jones, neu Jim Parcnest, a oedd wedi galw yno i wylio'r seremoni ar y teledu.

'Be' ti'n feddwl o'r ffwdan?' gofynnodd Jim.

'Diddorol iawn,' meddwn innau. 'Ma'r stori 'ma wedi creu llawer o siarad.'

'Wyddost ti pwy yw "Ianws"?' gofynnodd Jim.

'Na wn i.'

'Wel, ma' 'na ddou. A fi yw un ohonyn nhw.'

Fe aeth ymlaen i ddatgelu sut y gwnaeth ef a Jon Dressel lunio'r dilyniant. A chan i ddau ohonynt wneud hynny ar y cyd, roedd yna reol wedi'i thorri, er y gellid dadlau nad oedd honno'n rheol ysgrifenedig. Esboniodd yn ogystal arwyddocâd y ffugenw. Duw Rhufeinig gyda dau wyneb oedd 'Ianws', un yn edrych ymlaen a'r llall tuag yn ôl.

Beth bynnag, gyda phawb o'm cwmpas yn ysu am gael gwybod pwy oedd 'Ianws', roeddwn i yno, yn eu plith, yn siarad ag un o'r ddau fardd ar y ffôn. Gwaetha'r modd roedd hi'n rhy hwyr i mi. Roedd *Y Cymro* erbyn hyn yn ei wely.

Yn ystod fy nghyfnod gyda'r *Cymro*, bûm yn ffodus iawn yn fy nghysylltiadau eisteddfodol. Cefais gydweithrediad parod gan y rhan fwyaf o'r swyddogion. Dylwn gyfeirio at ddau yn arbennig — yr hynaws Idris Evans, Trefnydd y De, a fu farw ar drothwy ei ymddeoliad — a Gwyndaf. Roedd rhyw gadernid tawel, rhyw urddas, yn perthyn i Gwyndaf, ac i mi, ef oedd olynydd naturiol Cynan.

Mae gen i atgofion hapus hefyd o frawdoliaeth Stafell y Wasg. Yr un wynebau fyddai yno o flwyddyn i flwyddyn, a'n patriarch, heb unrhyw amheuaeth, oedd Caradog Prichard.

Cofiaf yn dda amdano y prynhawn dydd Iau cyffrous hwnnw yn Aberteifi, a'r gohebwyr i gyd, ar wahân iddo ef, yn rhuthro o gwmpas wrth geisio llunio adroddiad ar un o ddigwyddiadau eisteddfodol y ganrif. Ond eistedd yn ôl yn hamddenol yn pwffian ar ei sigarét a wnâi Caradog, wedi hen gwblhau ei stori i'r *Telegraph*.

'Stori fawr, Caradog,' meddwn i.

'Ydi . . . gweddol fawr,' meddai Caradog, 'ond nid y fwyaf chwaith.'

A dyma fe'n adrodd stori wrtha i am yr hyn a ddigwyddodd iddo ef yn Eisteddfod Dinbych 1939. Testun y bryddest oedd 'Terfysgoedd Daear', ac yn ôl Caradog, roedd e wedi cael ei hysbysu gan yr ysgrifennydd, Morris Williams, y câi ei goroni. Aeth i'r Eisteddfod, ond gan glywed T. H. Parry-Williams yn cyhoeddi o'r llwyfan na fyddai coroni am nad oedd y bryddest orau yn y gystadleuaeth ar y testun.

Awgrym Caradog oedd fod rhywun neu rywrai, ar ôl clywed mai ef oedd yr enillydd, wedi penderfynu na fyddai coroni. Os hynny, roedd y peth yn warthus. Ond ni chafodd y stori ei gwneud yn gyhoeddus erioed hyd y gwn i.

Ie, yn Stafell y Wasg bob blwyddyn, Caradog oedd ein hynafgwr doeth. Ac er na chlywid odid air o'i enau am oriau, ar wahân i ambell besychiad trwy fwg ei sigarét, byddai ei bresenoldeb yn treiddio drwy'r stafell.

Ni welid byth mohono'n rhuthro. Na, eisteddai 'nôl yn ei gadair yn hamddenol, ei lygaid yn syllu i rywle tu hwnt i'r nenfwd, a'r mwg o'i sigarét holl-bresennol yn codi ac yn troelli uwch ei ben, fel lleugylch uwchben sant. Ond ymhell cyn i ni'r cywion gohebyddol gwblhau'n storïau, byddai Caradog wedi mynd allan am dro tra byddai Mati, ei briod, wrthi'n darllen y copi dros y ffôn i'r *Telegraph*.

Y tro cyntaf i mi erioed gyfarfod â Caradog oedd ar faes tre Caernarfon yn 1959. Roedd hi tua hanner nos a'r cantorion eisteddfodol yn ei morio hi o gwmpas Lloyd George. Dyma benderfynu mynd am dro, ac yno, ger yr ardd flodau yng nghanol y maes, dyma weld Caradog.

Edrychai yn union fel y dylai bardd ymddangos. Syllai'n fyfyrgar ar y blodau yn yr ardd, sigarét yn mygu rhwng dau fys, sbectol â ffrâm ddu, drom islaw talcen llydan, a'i wallt arian, trwchus yn cyffwrdd â'i goler.

Ac yn Eisteddfod Caernarfon, ugain mlynedd yn ddiweddarach, y'i gwelais am y tro olaf. A hoffwn feddwl iddo adael yr hen ddaear hon mor hamddenol ag y gadawodd Stafell y Wasg ar y diwrnod olaf hwnnw i mi ei weld — sigarét rhwng dau fys, pac-a-mac dros ei siwt dywyll, a bag siopa plastig yn ei law.

Fy nghydweithiwr a fu'n rhannu llawer o'r baich newyddiadura mewn eisteddfodau oedd Ioan Roberts. Ac nid rhannu, chwaith, bob tro. Mewn ambell steddfod fe gariodd y baich ymron yn gyfan — Eisteddfod Rhuthun, er enghraifft, pan oeddwn i, Pontshân, Dewi Pws, Huw Llywelyn Davies ac eraill yn rhannu gwesty, y *Wine Vaults*. Na, am fwy nag un rheswm, ni fûm i'n gynhyrchiol iawn yn yr eisteddfod honno.

Yn Eisteddfod yr Urdd ym Mhontypridd wedyn, cofiaf yn iawn am y prynhawn dydd Sadwrn yn nhafarn y 'Llanofer'; Ioan yn sgwrsio â rhywun wrth y bar a hwnnw'n gofyn iddo pwy oedd yn gofalu am y Coroni, a oedd yn digwydd ar y pryd.

'O,' meddai Ioan, 'mae popeth yn iawn. Mae Lyn yn gofalu am y seremoni.'

'Pwy, felly, ydi hwnna?' gofynnodd y gŵr, gan gyfeirio at ben arall y bar.

Pan welodd Ioan fi yno bu bron iddo lewygu. Ond serch hynny fe ddaeth y stori mewn pryd i dudalennau'r *Cymro*. Ni fethais i na Ioan erioed yn hynny o beth.

Flynyddoedd wedi i Ioan adael *Y Cymro* a throi at fyd radio a theledu, fe adferwyd y bartneriaeth wrth iddo ymuno â staff *Hel Straeon* fel cyfarwyddwr. Ac nid ef a minnau yw'r unig rai o gyn-staff *Y Cymro* i weithio ar y gyfres. Roedd Ifan Roberts yno o'r dechrau ac yn ddiweddarach fe ymunodd William Owen â ni.

Bod yn newyddiadurwr a roddodd i mi'r cyfle i weld ochr o'r Brifwyl nad yw'r eisteddfodwyr cyffredin yn cael cyfle i'w gweld. Ond ar yr ochr arall, fel eisteddfodwr cyffredin y cefais i'r hwyl a'r mwynhad mwyaf.

Pesychodd y trên ei ffordd allan yn boenus a chloff o stesion y Drenewydd. Gollyngodd un chwibaniad bloesg, fel gwylan yn dioddef o'r pâs cyn hercio yn araf a chymyrcyn o'n golwg. Cludodd gydag ef y maen melin a fu'n crogi wrth yddfau Defis a finne ers dyddiau, baich a'n gwnaeth, yn ôl ein safonau ni, yn llwyr-ymwrthodwyr.

Y baich hwnnw oedd Meinir, cariad ddiweddaraf fy hen gyfaill Defis. Nawr, roedd cadw Defis allan o dafarn yn dasg mor anodd â chadw mochyn o'i gafn. Ond yn amlwg roedd gan Meinir ryw afael arno. Ei esboniad ef oedd fod hen ewyrth iddo'n byw yn yr un pentre â Meinir ac y byddai un gair oddi wrthi hi am lymeitian yn ddigon i dorri Defis o'r ewyllys.

'Meddylia,' medde fo wrth hastio am y dafarn agosaf, 'Bore dydd Gwener y Steddfod a'r ddau ohonon ni heb feddwi, heb sôn am hwdi. Ma' honna wedi whalu popeth. Wi'n teimlo fel Llywydd y Temprans adeg y Grawys.'

Oedd, roedd e'n deimlad od. Fel arfer, erbyn dydd Gwener Steddfod, fe fyddai Defis a finne wedi'n taflu allan o bob tafarn yn y dre, yn ogystal ag o ambell dafarn yn y dre nesa. Ond nawr roedd achubieth wrth law.

Esgus Defis i gael gwared â Meinir oedd iddo dderbyn teligram yn dweud fod ei fam-gu ar ben. Do, fe dderbyniodd deligram a'i agor yng ngŵydd Meinir. Yn wir, fe'i dangosodd iddi. Yr hyn na wyddai Meinir oedd mai fi oedd awdur y newyddion drwg.

Ac roeddwn i'n hen gyfarwydd â'r gorchwyl. Yn y gorffennol roeddwn i wedi torri'r newydd trist am waeledd mam-gu Defis ddwsinau o droeon. Ac fe weithiai'r tric bob tro. Hynny er gwaetha'r ffaith mai ei fam-gu oedd un o'r creaduriaid iachaf a welswn i erioed. Y tro diwetha i mi ei gweld, roedd hi'n llowcio poteleidi o Ginis yn Y Mownt tra'n blagardo'r barman a chicio'r ci am yn ail.

'Hanner awr wedi deg. Amser clywed pyrth yn agor a chadwynau'n mynd yn rhydd,' cyhoeddodd Defis yn emynyddgar, os nad yn amyneddgar. 'Dere 'mlân.'

Roedd tua hanner dwsin o ffyddloniaid eisoes o gwmpas y ffynnon yn y 'Queen's Head'.

'Dau beint o seidir casgen,' medde fi. 'A dau wisgi Gwyddelig,' ychwanegodd Defis.

Yn y gornel o dan y bwrdd darts dyma ddechrau rhoi trefn ar y diwrnod. Edrychodd Defis o'i gwmpas yn wyliadwrus.

'Mae'n saff,' sibrydodd. 'Does 'na neb yn ein nabod ni 'ma. Cyfle da i gâl cwrw am ddim.'

Yn seremonïol, tynnodd o'i boced gopi o 'Under Milk Wood' — newydd ei brynu ar y ffordd i'r stesion — a chan gerdded o gwmpas y bwrdd yn ddramatig dechreuodd ddarllen ohono'n uchel.

Mewn winciad roedd y sgwrs wrth y bar wedi distewi a llygaid pawb arnom. Daeth y tafarnwr allan o'r tu ôl i'r cownter, gyda'r esgus o lanhau'r bwrdd copr a oedd yn sgleinio fel sofren. Ar ôl shifflan cadeiriau, hymian ychydig a phesychu dyma'r cwestiwn anochel yn dod.

'Actorion ydi chi'ch dau?'

'Wel, wel. Beth wnaeth i chi feddwl hynny?' gofynnodd Defis. 'Dydi chi ddim yn bell o'ch lle chwaith. Cynhyrchydd ydw i, a ma' fy nghyfaill fan'na yn gyfarwyddwr yn y 'West

End'. Clywed wnaethon ni fod rhyw fath o ŵyl yma, a chan fod gyda ni egwyl fach ar hyn o bryd dyma ddod i lawr i chwilio am dalent.'

Arweiniodd y tafarnwr ni at y bar a chyn hir roedd ein gwydrau yn gwacáu ac yn llenwi'n rheolaidd heb i'r naill na'r llall ohonom orfod rhoi llaw mewn poced.

Erbyn hyn roedd Defis nid yn unig yn awdurdod ar ddramâu ond roedd e hefyd ar delerau 'ti a thithe' â Richard (Burton), Stanley (Baker), Siân (Phillips) a Huw (Griffith).

Chwe pheint a chwe wisgi'n ddiweddarach ac roedd Defis nid yn unig wedi arwyddo'r copi o 'Under Milk Wood' fel 'Kenneth Tynan' a'i gyflwyno i'r tafarnwr ond wedi addo'n bendant y byddai ef a Rich — a Liz, os byddai hi draw — yn galw'r tro nesaf y byddent yng Nghymru fach.

Ac yna fe sbwylodd Mr Evans bethe. Fe'i gwelais e'n dod i mewn o gornel fy llygad. Gŵr o Sir Feirionnydd oedd e, eisteddfodwr proffesiynol yn cario pac-a-mac a chopi o'r Cyfansoddiadau. Ac ef oedd yr olaf y byddai Defis a finne am ei weld. Yn Eisteddfod Abertawe'r flwyddyn flaenorol roedd e wedi bod yn yfed yn ein cwmni yn y 'Dragon'. Ar y noson arbennig honno, dau feirniad oedd Defis a finne. Ac ar ôl derbyn yn hael o garedigrwydd Mr Evans wedi i'm cyfaill addo y byddai'n cadw golwg ffafriol ar ei nith, a oedd i adrodd dan bymtheg yn y prilims y bore wedyn, doedd gan y naill na'r llall ohonom rhyw awydd mawr i ailgyfarfod ag ef.

Llwyddais, yn dawel, i roi ar ddeall i Defis fod Gehenna, neu waeth, ar ein gwarthaf. Fel arfer daeth allan o'r perygl. 'Gyfeillion, diolch i chi am eich croeso caredig. Ond mae gan fy nghyfaill a minnau "audition" pwysig iawn o actorion ifainc ymhen hanner awr. Fe fyddwn ni 'nôl ymhen dwyawr. A'r tro hwn, y ni fydd yn talu.'

Sleifiasom allan heibio i Mr Evans yn ddiogel. Diolch byth, roedd e ormod ar goll yn nhywyllwch yr awdl i sylwi arnom.

Braidd yn simsan y cyraeddasom yr 'Elephant'. Seidir a

wisgi yw'r bartneriaeth berycla ers Burke a Hare. A doedd gwres y prynhawn yn fawr o help. Ac ym mherfeddion esmwyth seddau moethus a meddal yr 'Elephant', enillodd Morffiws y dydd.

Fe'm dihunwyd gan sŵn rhywun yn rhuo fel arth, a hynny'n cael ei ddilyn gan ebychiad o boen. Roedd dwrn Defis o'r golwg ym mhlygion bol rhyw bwysigyn blonegog a rhubanog. A'r eiliad nesaf, nid esmwythder soffa oedd o dan fy nhîn ond concrid y pafin y tu allan, a Defis yn disgyn ar fy mhen.

'Pam ddiawl wnest ti hynna?'

'Fe faglodd e drosta i. A phetawn i wedi sylweddoli mewn pryd fod gyda fe fathodyn swyddog, fe fyddwn i wedi'i ladd e. Ond dere mlân. Ma' tafarne erill i gâl yn y Sodom uffern 'ma.'

Yn y 'Black Boy' drws nesa dyma gychwyn ar y Ginis. Ar ben stôl ar ganol y llawr roedd rhyw lembo meddw yn canu 'Gw-cw! Gw-cw!'

'Mae'n ddechre mis Awst,' medde Defis, yn ddrifls du. 'Fe ddylet ti fod wedi hedfan 'nôl am Affrica whech wthnos 'nôl.'

'Coc-a-dwdl-dŵ!' canodd y meddwyn.

'Aros di tan Nadolig. Fe wna i dy blydi stwffio di,' bygythiodd Defis.

'Fedri di ddynwared twrci?' gofynnodd merch fach ifanc o'r gornel wrth y meddwyn.

'Os plygi di i lawr,' medde Defis wrthi, 'fe wna i acto'r blydi twrci.'

Gan fod pethe'n dechre poethi, ymlaen â ni am y 'Bear'. Yno roedd hi'n bedlam a hanner. Wrth droed y bar gorweddai cyrff meddw. Roedd y cyrff yn griddfan yn dawel. Uwch eu pen, yn olion concrid o'i het i'w sgidie, ac yn drachtio'n fuddugoliaethus o botel wisgi roedd gŵr nad own i wedi'i weld ers blwyddyn. Brenin y Graig ei hun, Bill Murphy o Sligo, y torrwr cwteri a fedrai dyllu drwy graig solet â chaib a rhaw yn gynt nag yr âi jac-codi-baw drwy dywod. Un ysgyfaint oedd gan Bill, ond gwyddwn o brofiad chwerw fod ganddo fwy o stumogau na buwch.

'Y Fam Fendigaid â'i holl blydi angylion!' ebychodd pan welodd fi. 'Diawl, rwy'n falch dy weld ti. Rwy wedi rhedeg mas o bartneriaid yfed. Dyw bois y BBC 'ma'n dda i ddim,' medde fe, gan roi ambell gic i'r cyrff ar lawr y bar.

Archebodd botel arall o wisgi, a'i bedyddio'n hael cyn dringo i ben stôl a dechre adrodd 'Lonely Banna's Strand', cerdd drist am Roger Casement.

Daeth dyn bach pwysig tan fargod het fowler i mewn, yng nghysgod mynydd o wraig mewn côt ffwr a fu gynt yn gorchuddio cnawd o leiaf bedair arth.

'Pwy wyt ti te'r fuwch?' gofynnodd Defis wrthi'n gyfeillgar.

Crynodd y mynydd ac esgorodd ar lygoden gynddeiriog ym mherson y dyn bach.

'Paid ti â sarhau 'ngwraig i,' medde fe, gan ymestyn i'w lawn uchder o bum troedfedd.

Disgynnodd Brenin y Graig o'i orsedd. Cydiodd yn ysgwydd y dyn bach a'i gyfeirio tua'r drws. Yna trawodd ei ddwrn ar ben het fowler y dyn bach a'i wthio allan yn ddall i'r nos. Dilynwyd y Mohamet pin-streip gan ei fynydd. Ond ar draws popeth, dyma waedd: 'Ma'r cops yn dod!'

'Peidiwch gwylltio,' rhybuddiodd Murphy. 'Gadewch i ni wneud y peth anrhydeddus Wyddelig. Rhedwch fel y diawled!'

Rhuthrodd Murphy am y drws. Dyma finne'n dilyn gan geisio llusgo Defis ar fy ôl.

Wedi cyrraedd lloches y 'Cross Guns', dyma droi 'nôl i ganmol ein lwc wrth Defis. Ond nid ef oedd yno. Yn gafael yn dynn yn fy llaw roedd pishyn siapus ben-golau yn wên i gyd.

'Hylo,' medde hi. 'Margaret ydw i. Mae nhad i'n blisman yng Nghaerfyrddin.'

Lleddfais fy sioc ryw gymaint gyda pheint o Ginis. Ac un arall. Ac fe aeth yn sesiwn.

Tua hanner nos cerddodd plismon i mewn. Nid o Gaerfyrddin, diolch byth. 'Oes yma rywun na ddylai fod yma?' gofynnodd yn awdurdodol.

'Na, neb,' atebodd yr angyles gelwyddog o dafarnwraig.

Allan â'r plismon, ond mewn winciad dyma fe 'nôl gyda phlismon arall, y ddau â'u hetiau tan eu ceseiliau.

'Dau beint, plîs,' medde'r plismon cyntaf.

O hynny ymlaen fe aeth pethe braidd yn niwlog. Dihunais ar fy nghefn ar fainc yn y bar. Ar y bwrdd wrth fy ymyl roedd nodyn bach mewn beiro ar becyn sigaréts:

'Sori, dw'i ddim yn gwybod eich enw chi. Ond diolch am noson dda. Margaret.'

O dipyn i beth cododd y niwl. Ond yn fy mhen roedd rhyw ddyn bach yn agor chwarel. Ond nid yn fy mhen yr oedd yr unig gnocio. Roedd rhywun yn curo ar y drws, ac yna'n ei agor.

'Dewch draw i'r gegin i gael brecwast.'

Brecwast! Teimlai fy nhafod fel petai'r Fyddin Goch wedi martsio drosto yn nhraed eu sanau.

Ac yna, o'r bar arall, clywais lais cyfarwydd yn brolio. Dim ond un dyn allai fod yn berchen ar y fath lais.

'Do, ge gnoces i Winstone mas pan odd e'n focsyr amatur.'

Oedd, roedd Defis wedi cyrraedd. Bocsyr oedd e heddi.

Llusgais yn eiddil i'r bar i wynebu'r hen ffrind. Edrychodd arna i, a heb dorri brawddeg aeth ymlaen: 'A hwn fan hyn,' medde fe, gan bwyntio ataf fi, 'yw fy hyfforddwr. Ma' wythnos o wylie 'da ni, ac fe benderfynon ni ddod yma i'r Steddfod.'

A chan droi'n urddasol at y dafarnwraig dyma fe'n galw: 'Rhowch beint o seidir a wisgi iddo fe. Na . . . gwnewch hynna'n ddwbwl . . .'

Pennod 8

Mae edrych yn ôl dros chwarter canrif o Eisteddfodau yn dwyn i gof bedwar neu bum enw a fu'n gysylltiedig â'r rhan fwyaf ohonynt — Eirwyn Pontshân, ei gyfaill Dennis, Elwyn Ioan, a Peter Goginan, wrth gwrs.

Ond enw arall a fu'n gyfrifol mai Eisteddfod Caernarfon 1959 oedd fy Mhrifwyl gyntaf. John Wyn Hughes — Jac — hen gyfaill o'r Bont oedd hwnnw.

Roedd Jac, mae'n rhaid gen i, yn dal yn yr ysgol tra oeddwn i ar ddiwedd fy mlwyddyn gyntaf yn y Coleg yn Aber. O'r ddau ohonom, ef oedd fwyaf awyddus i fynd i Gaernarfon, felly bant â ni ar fore Sul, bag yr un ar ein hysgwyddau, hyder yn ein calonnau, a'n bodiau i fyny.

Roeddem wedi trefnu lifft i Aberystwyth, ac wrth gychwyn cerdded Rhiw Pen-glais, roedd y ddau ohonom yn gwbl dawel ein meddwl y stopiai car o fewn pum munud i'n cludo yr holl ffordd i Gaernarfon.

Aeth awr o amser a phedair milltir o gerdded heibio cyn i ni gael ein lifft gyntaf. Aeth y car hwnnw â ni, os ydw i'n cofio'n iawn, mor bell â Dolgellau.

Oddi yno i Borthmadog, a'r bore bellach wedi mynd yn hwyr brynhawn, lle cawsom ddwy neu dair lifft. Ac yna, rhwng Tremadog a Phenmorfa, dyma gar, a oedd yn mynd yr holl ffordd i Gaernarfon, yn stopio. Roedd hwn yn Eisteddfodwr pybyr. Gwyddai bopeth am yr Ŵyl ac fe gododd ein hysbryd i'r entrychion. Wedyn y bu i ni sylweddoli mai'r Samariad trugarog a'n cludodd dros y deunaw milltir olaf oedd Llew Rees.

O gyrraedd Caernarfon, ychydig a wyddem mai dyma oedd dechrau ein gofidiau. Doedd y naill na'r llall ohonom wedi meddwl am rywbeth mor ddibwys â threfnu lle i aros. Ac ar ôl troedio strydoedd y dre am oriau, daeth Peter Goginan i'r adwy. Roedd ganddo ef a nifer o ffrindiau babell ar gae fferm nid nepell o brif fynedfa'r Eisteddfod. Ac yn y babell honno, a oedd yn ddigon mawr i gynnal gweithgareddau'r Babell Lên, y cafodd Jac a minnau loches.

Rhannai tua hanner dwsin ohonom y babell — Peter; Glyndwr Jenkins, Tregaron; Manod Rees, Llanilar; Vincent Hughes o'r Blaenau, a Jac a minnau. Hyd y medraf i gofio doedd gan yr un ohonom sach cysgu. Gorwedd ar orchudd a luniai lawr i'r babell a wnaem bob nos, heb hyd yn oed flanced i'n gorchuddio. Ond dyna fe, cysgu oedd y peth olaf ar ein meddyliau.

O eiliadau cyntaf yr Eisteddfod ar fore dydd Llun, syrthiais mewn cariad. Na, nid â merch, er bod digon o'r rheiny yno. Ond yn hytrach â'r Eisteddfod ei hun. Fel rhywun yn gaeth i gyffuriau ar ôl ei flas cyntaf o heroin, roeddwn i'n gaeth i'r Brifwyl. A'r penderfyniad cyntaf a wneuthum ar y bore cyntaf hwnnw oedd y byddwn yn ei chanlyn o'r flwyddyn honno ymlaen.

Fe fu'r achlysur yn agoriad llygad. Cael gweld, a hyd yn oed gyfarfod, ag arwyr nad oeddwn i cynt ond wedi darllen eu gwaith — Cynan, Caradog Prichard, Islwyn Ffowc Elis a Harri Gwynn. Roedd y wefr o gael cyfarfod â phobl fel y rhain yn gyfystyr â'r wefr a gaiff pobl ifainc heddiw o gyfarfod â sêr pêl-droed fel Ian Rush a Mark

Hughes. Ac mae eu llofnodion gen i o hyd, wedi eu gludo'n ofalus y tu mewn i gloriau rhai o'u llyfrau.

Yn ogystal â chyfarfod â beirdd a llenorion enwog, bûm yng nghwmni cymeriadau amlwg eraill yn ystod yr wythnos. Ymhlith y cwmni yn y *Black Boy* un noson roedd Keidrych Rhys, ac am ryw reswm, Robin Day.

Ond y cyfarfyddiad mwyaf arwyddocaol oedd hwnnw ag Eirwyn Pontshân, gan gychwyn cyfeillgarwch sydd wedi para ar hyd y blynyddoedd. Digwydd taro i mewn i'r Royal wnaeth Jac a minnau, ac yno'r oedd y lolfa dan ei sang, pawb yn gwrando ar ddyn bach gyda mwstás a chap gwyn yn traethu o ben stôl. Yn sefyll y tu ôl iddo roedd dyn bach arall sbectolaidd, gyda bol fel tedi bêr. Yn awr ac yn y man byddai hwnnw'n porthi'r areithiwr, fel blaenor yn ategu sylwadau pregethwr.

Y gŵr ar ben y stôl, wrth gwrs, oedd Eirwyn. A'r porthwr oedd ei hen gyfaill bore oes, Dennis Richards.

Yn dilyn yr araith, disgynnodd Eirwyn o'i bulpud, a dyma gyfle i gyfarfod ag ef am y tro cyntaf. A phan ddaeth yn amser iddo adael y Royal am ryw ffynnon arall, aeth Jac a minnau gydag ef a Dennis — ond nid drwy'r drws chwaith. Roedd gormod o dorf yn y lolfa. Bu'n rhaid i'r pedwar ohonom fynd allan drwy'r ffenest.

Treuliasom weddill yr wythnos gyda'n gilydd. Ac yn 'lori fach' Eirwyn, sef ei Land Rover, y cafodd Jac a minnau lifft adre. Yn ein plith hefyd roedd Trefor Beasley, cawr o Gymro cadarn a ddaeth yn enwog yn ddiweddarach, ef a'i deulu, am herio Cyngor Llanelli ar fater yr iaith.

Gwneud ffrindiau â Phontshân fu un o uchafbwyntiau fy mywyd. Mae Eirwyn yn ddyn rhyfeddol.

Dydw i erioed wedi cyfarfod ag unrhyw un sydd â chymaint stôr o wybodaeth, storïau, cerddi a rhigymau ar ei gof. Ac yn union fel cyfrifiadur, mae ganddo ymateb parod i unrhyw bwnc ond i rywun wasgu'r botwm cywir. Gall gynnal sgwrs ar unrhyw thema dan haul. Ac er mai digrifwr yw Eirwyn yn allanol, mae llawer iawn ohono o dan yr wyneb.

Fe fyddai wedi gwneud digrifwr neu actor radio neu deledu ardderchog petai wedi cael y cyfle neu'r arweiniad iawn. Ond o dan fasg y clown mae'n ŵr difrifol, dwys, sy'n poeni bob awr o'i oes am Gymru a'r iaith. Mae bod yng nghwmni Eirwyn yn donic — yn eli i'r galon ac yn falm i'r enaid.

Mae rhai o'i helyntion Eisteddfodol yn chwedlau erbyn hyn. Yr enwocaf, hanesyn a adroddais fwy nag unwaith, oedd hwnnw yn Eisteddfod Aberafan 1966. Ond er bod yr hanesyn hwnnw'n wybyddus i lawer, mae'n rhaid ei gynnwys ymhlith yr atgofion 'swyddogol' hyn, fel petai.

Ym mynedfa gwesty'r Deuddeg Marchog roeddem ni, y bar wedi hen gau a'r glaw'n pistyllio. Gwaeth fyth, fe wyddai'r ddau ohonom fod Dic Jones yn mynd i ennill y Gadair. Ond oherwydd y tywydd, doedd dim modd cerdded i Faes yr Eisteddfod.

'Mam-gu'n hen, y fuwch yn dene a dim porfa,' meddai Eirwyn yn drist. '*Further outlook — unsettled.*'

Ond yn sydyn, dyma wireddu un o'i ddywediadau mawr — 'Os wyt ti byth mewn trwbwl, treia ddod mas 'no fe.' Fe ddaeth rhyw oleuni newydd i'w lygaid. Ac yn sydyn fe sylweddolais pam. Yn dynesu tua'r gwesty, dan gysgod ymabarél ei *chauffer*, roedd Cynan, yr

Archdderwydd ei hun — seremoni'r Cadeirio, erbyn hyn, yn amlwg, drosodd.

Fel y cyrhaeddodd Cynan y fynedfa, dyma Eirwyn, mewn osgo Raleigh-aidd — Syr Walter, nid beic — yn mynd ar ei liniau o flaen yr Archdderwydd, yn gafael yng nghoesau Cynan ac yn dwys-ddolefain:

'Tyred yn ôl i erwau'r wlad . . . Hmmmmm, blydi marfylys, Cynan.' Ond yn hytrach nag anwybyddu'r peth, neu, yn waeth fyth, mynd i gyfraith, fe chwarddodd Cynan yn braf a'n gwahodd i mewn i'r gwesty. Ac fel Ogof Sesame ar orchymyn Ali Baba, fe agorodd y bar.

Yno, tra cefais i gyfle gwerthfawr i drafod drama y bûm yn actio ynddi'r noson cynt, a Chynan ymhlith y gynulleidfa, dewisodd Eirwyn dreulio'r amser yn smocio sigaréts yr Archdderwydd. Ac erbyn pump o'r gloch, a phecyn sigaréts Embassy Cynan yn wag, penderfynodd Eirwyn mai dyma'r adeg i berfformio. Esgynnodd i ben cadair, ac mewn tawelwch llethol adroddodd bryddest 'Mab y Bwthyn' i'r cwmni dethol. A doedd neb yn uwch ei gymeradwyaeth ar y diwedd na'r awdur ei hun.

Daeth yn amser i ni ffarwelio â'r cwmni ac aeth Eirwyn draw at Cynan a'i gofleidio.

'Diawl, Cynan,' meddai Eirwyn, 'wi'n falch bo' fi wedi cwrdd â chi. 'Ry'ch chi lawer mwy o foi na feddylies i eriôd. A gan ein bod ni'n nabod ein gilydd mor dda erbyn hyn, ga i eich galw chi'n "Cyn".'

Chwerthin yn uchel wnaeth Cynan unwaith eto gan ysgwyd llaw ag Eirwyn a diolch iddo am brynhawn diddorol.

Ychydig flynyddoedd yn ddiweddarach, tra oeddem ar long fferi i Iwerddon, cafodd y wraig a minnau wahoddiad i rannu bwrdd â Chynan. Bu wrthi'n adrodd pob math o storïau diddorol wrthym. Ac aeth ati, '*for the sake of our English friends*', chwedl Eirwyn, i adrodd ei gyfieithiad Saesneg ei hun o 'Creigiau Aberdaron'.

Oedd, roedd Eirwyn yn iawn. Roedd Cynan yn dipyn o foi.

Fe fu Eisteddfod Aberafan, gyda llaw, yn achlysur pwysig i Eirwyn. Dyna pryd y cyhoeddwyd ei gyfrol, *Hyfryd Iawn*. Ac ar wahân i berlau Eirwyn ei hun, gwyrth fawr y gyfrol, yn sicr, yw cartwnau Elwyn Ioan. Mae'n anodd credu, o weld y lluniau, nad oedd Elwyn, bryd hynny, erioed wedi gweld Pontshân. Eto mae ei luniau ohono'n berffaith.

Fe arwyddodd Eirwyn fy nghopi gyda'r geiriau, 'I Lyn am ddal y gannwyll'. Ac rwy'n meddwl y byd o'r deyrnged fach honno. Ond os gwnes i ddal y gannwyll weithiau, Eirwyn, yn sicr, a gynheuodd y fflam.

Bu cydeisteddfota â Phontshân yn bleser digymysg. Dyna Eisteddfod Y Barri 1968, ac Eirwyn wedi diflannu. Dim sôn amdano'n unman. Yna, tua chwech o'r gloch y nos, ei ganfod mewn bar yn y *Wine Vaults*, yn cydyfed gydag Aelod Seneddol y Barri ar y pryd, Syr Raymond Gower, gydag Eirwyn yn ei gyflwyno i ni fel 'hen foi ffeind'. A'r Aelod yn rholio chwerthin wrth wrando ar storïau Pontshân.

Yn Eisteddfod y Fflint y flwyddyn wedyn, cael bod yng nghwmni Eirwyn a John Ellis Williams; Eirwyn yn adrodd wrth John am ryw stwff arbennig oedd gan fferyllydd Llandysul ar gyfer hybu'r weithred rywiol, a John yn lladd ei hunan yn chwerthin.

Cydymaith Eirwyn mewn Eisteddfodau ers y pedwardegau oedd Dennis Richards, gŵr o Dalgarreg yn wreiddiol, a weithiai i gwmni pensaer yn Aberystwyth. Roedd Dennis, yn ddieithriad, fel pin mewn papur — bob amser yn drwsiadus — fel y byddai disgwyl i un a brentisiwyd yn deiliwr. Y ffaith honno a wnâi i Eirwyn weithiau, pan fyddai Dennis yn pwdu, adrodd rhai o linellau Idwal Jones allan o 'Y Gân ni Chanwyd', lle mae'n adrodd hanes Y Teiliwr Coch o Hengoch yn mynd i foddi'r gath:

> Pa swyn mewn ymddwyn mor od,
> Ai cethern wyt i'r cathod?
> 'D'wed deiliwr o'r dref hefyd
> Dreigl dy fyw drwy galed fyd.

Byddai Dennis yn meddalu bob tro.

Un peth am yr Eisteddfodau cynnar oedd na wyddai neb ohonom o noson i noson ymhle y byddem yn cysgu. Cysgais droeon yn lori fach Eirwyn. Unwaith, tra oedd ef a Dennis yn cysgu yn y cab, bu'n rhaid i mi gysgu yn y cefn heb do uwch fy mhen. A phan ddaeth cawod o law, symudais a chysgu o dan y lori fach.

Yn Eisteddfod Llandudno yn 1963, ar ôl noson go drom, fe gysgodd Dai Cruglas a minnau yng nghar 'Austin Healey Sprite' Dai, heb gofio codi'r to cyn clwydo. Daeth cawod drom o law yn ystod y nos gan ein gwlychu at ein crwyn.

Ond yng nghwmni Peter Goginan y cefais y profiadau rhyfeddaf. Cysgu un noson, adeg Eisteddfod Abertawe 1964, o dan goeden ym Mharc Singleton. Dihunodd y ddau ohonom i weld bod dyn y llaeth wedi gadael peint wrth ein traed!

Ar noson arall yn yr un Eisteddfod, roedd parti mawr yn Y Ffau, hen siop yn Walter Road a logwyd dros yr Ŵyl gan y Blaid. Roedd y lle yn orlawn, ond erbyn tua thri o'r gloch y bore dechreuodd y criw chwilio am le i gysgu. Cyn hir roedd pob modfedd o lawr wedi ei gymryd, gan adael Peter a minnau ar ein traed. Yna, dyma ganfod drws bychan ar waelod pared pren. O agor y drws, sylwais fod yna ddarn o lawr, tua deg troedfedd o hyd a chwe throedfedd o led. I mewn â'r ddau ohonom, gan orwedd o dan faner Draig Goch enfawr a orchuddiai'r llawr.

Dihunodd y ddau ohonom yn y bore i sŵn chwerthin. Ac yno, yn edrych i mewn arnom, roedd criw o bobl yn disgwyl bws. Roedd Peter a minnau wedi mynd i gysgu yn ffenest y siop.

O gyrraedd Eisteddfod, y peth cyntaf a wnâi'r ddau ohonom fyddai chwilio am le addas i glwydo. Yn y Barri daethom o hyd i le delfrydol — hen gar *Austin Princess*, heb olwynion, y tu ôl i'r *Barry Hotel.* Ond y tu mewn roedd ynddo seddi cysurus ac roedd y ffenestri i gyd yn gyfan.

Ar y nos Sul, trodd y ddau ohonom i mewn i'r gwesty, ac yno, yn y bar, roedd Prifardd go enwog mewn argyfwng. Doedd ganddo ddim arian, felly bu Peter a minnau'n talu am ei gwrw am rai oriau. Yna, tua naw o'r gloch, fe ddechreuodd y Prifardd dalu — o leiaf, dyna a gredem. Bob tro y byddai'n mynd i nôl rownd, byddai'n gofyn i'r barman roi'r ddyled gyferbyn â'i gyfrif ar gyfer un o'r stafelloedd. Felly, roedd hi'n amlwg ei fod e'n lletya yno.

Pan ddaeth stop tap, manteisiodd Peter a minnau ar y cyfle i gael sesiwn hwyr yn y lolfa i fyny'r llofft yng nghysgod y Prifardd. Cawsom noson fawr — bore, a bod yn fanwl — gan i ni fod wrthi tan tua phedwar. Pan ddaeth yn amser i ni'n dau ffarwelio, fe ddaeth y Prifardd gyda ni i'r drws. Nid i ffarwelio chwaith. Na, yn hytrach dilynodd ni i'r car a chysgodd yn y sedd ôl gan orfodi Peter a minnau i gysgu ar ein heistedd yn y seddi blaen. Hynny yw, doedd y Prifardd, a oedd â slaten go drom y tu ôl i gownter y Barry Hotel erbyn hynny, ddim yn lletya yno o gwbl. Be' ddwedodd Pontshân hefyd — 'Os wyt ti byth mewn trwbwl . . .' Yn amlwg, roedd hwn wedi dysgu'r wers.

Yn y Bala yn 1967 bu cysgu allan bron iawn â'n lladd. Roedd gen i babell, dim llawer mwy na chaws llyffant, wedi'i chodi ar yr enwog Faes 'B'. Prin ddigon o le i un oedd ynddi, heb sôn am ddau.

Un noson, wnaethom ni ddim dychwelyd i'r babell oherwydd bod Jim Price, gohebydd gyda'r *Daily Express* wedi trefnu parti yn ei stafell yng ngwesty'r *Goat*. Yno fe aethom ati i lwyfannu seremoni Coroni'r Bardd. Jim oedd y bardd buddugol; Peter oedd yr Archdderwydd, a Tim Jones o'r *Times* a minnau oedd i gyrchu'r bardd. Ac fe goronwyd Jim ar gomôd, blanced o'i wely dros ei ysgwyddau a phot piso ar ei ben.

Pan ddychwelodd Peter a minnau i Faes 'B' y bore wedyn, roedd y babell yn wastad â'r llawr. Roedd lori wedi mynd drosti yn ystod y nos. Oni bai am barti Jim . . .

Fe anfarwolwyd Maes 'B', wrth gwrs, gan grŵp Y Blew. Ond daeth enwogrwydd i'r maes pebyll am reswm arall. Mewn gardd gyfagos roedd ceiliog swnllyd yn dihuno'r gwersyllwyr yn llawer rhy fore. Felly, un noson, fe aeth rhywun digywilydd ati i bluo'r hen geiliog, druan, a'i adael yn noeth ymhlith yr ieir.

Ar Faes 'B' hefyd y gwelais un o olygfeydd doniolaf Eisteddfod y Bala — Iolo Wigley, neu Capten Iolo, un o ffyddloniaid y Brifwyl, yn reidio beic bwtsiwr i mewn i babell ac allan drwy'r cefn, heb hyd yn oed arafu.

Mae'n rhaid nodi un digwyddiad arall o bwys yn y Bala hefyd. Fe ddaeth cyfle i Peter a minnau gyfarfod â gŵr a oedd i ni'n arwr mawr — yr actor Huw Griffith. Roedd Huw yn aros yn y 'White Lion', ac un noson roedd Peter a minnau allan yng nghefn y gwesty pan glywsom floedd. Huw oedd yno, wedi dal rhyw lanc ifanc yn glynu sticer yr FWA ar ffenest flaen car yr actor. 'Ti sticiodd hwnna ar 'y nghar i?' bloeddiodd Huw. Cyfaddefodd y llanc, yn ddigon crynedig, yn wyneb y fath floeddio. Ond yn lle ei geryddu dyma Huw yn ei gofleidio a dweud, 'Da 'machgan i!'

Yn y 'Plas Coch' fe gafodd Peter a minnau gyfle i fwynhau peint yng nghwmni Huw, a chael tynnu ein llun yn eistedd bob ochr iddo gan ffotograffydd y *Daily Express*. Braint fawr.

Ni fyddai hanes yr Eisteddfod yn y chwech a'r saithdegau yn gyflawn heb sôn am gyfraniad Bois y Bont, hen ffrindiau o Bontrhydfendigaid. Mae gan Fois y Bont draddodiad cyfoethog o ddifetha eisteddfodau, traddodiad sy'n mynd yn ôl i'r pumdegau pan grwydrai criw ohonyn nhw i bob eisteddfod leol rhwng

Llanrhystud a Rhaeadr Gwy, Pumsaint a Machynlleth.

Ymhlith y criw roedd Ken Tŷ Bach, Alun Tynewydd, Teifi Cross Inn, Lloyd Bwlchgwynt, Dai Cruglas a'i frawd Cadwgan, fy hen gyfaill Tom Bryngors, a'n 'tad ni oll', Wil Davies, Tŷ Ucha, neu Defis Bach. Defis oedd hynafgwr y criw, a chaent eu gyrru o le i le yn hen 'Austin 16' Wil Lloyd y Garej gan Dic, cymeriad mwya'r criw ym mhob ffordd. Fe'i hadnabyddid fel Dic Bach. Hynny am y rheswm syml ei fod e'n un mawr.

Roedd Dic yn chwedl mewn eisteddfodau a gyrfeydd chwist. Yng Nghilcennin, er enghraifft, wedi'r gweithgareddau swyddogol, fe âi'r ficer ati i rafflo'r bwyd oedd yn weddill. A diolch i Dic, fe godai symiau ardderchog. Roedd cydweithrediad perffaith yn bodoli rhwng Dic a'r ficer, John Lloyd Jones. Byddai'r ficer yn cynnig cacen, er enghraifft, ar raffl. Yna fe âi Dic i fyny y tu ôl i ddarpar-brynwr, cydio yn ei glust a'i droi'n ddidrugaredd, nes byddai hwnnw, druan, yn fodlon talu unrhyw bris am y gacen. Oherwydd ei gyfraniad unigryw, câi Dic ei enwi'n ddieithriad wrth i'r ficer dalu pleidlais o ddiolchgarwch ar y diwedd.

Roedd codi twrw mewn eisteddfod yn draddodiad i Fois y Bont. Droeon bu'n rhaid atal cystadleuaeth tra byddai'r arweinydd a'r stiwardiaid yn cadw trefn. Methai hyd yn oed Llwyd o'r Bryn â chael y gorau arnynt. Un noson, yn Eisteddfod Tal-y-bont, dechreuodd un o'r bois frefu. 'Mae'r lloi yn swnllyd iawn heno,' meddai'r Llwyd. Ac ateb yn dod o blith y bois — 'Fel'na y'n ni pan welwn ni lo dierth.'

Yn Eisteddfod Llanddewibrefi un flwyddyn, fe ataliodd yr arweinydd y cystadlu gan roi gorchymyn i'r prif stiward fynd â Dic allan. Er mawr syndod, cerddodd Dic yn ufudd gyda'r swyddog tua'r drws. Ond yna, dyma fe'n cydio yng ngholer a thin trowser y prif stiward a'i daflu allan cyn troi at yr arweinydd a dweud — 'Dyna ni, chewch chi ddim trwbwl rhagor. Mlân â'r steddfod.'

Rhag ofn fod rhywun yn gresynu am y fath ymddygiad, dylid esbonio fod heclan arweinydd eisteddfod neu noson lawen yn draddodiad yr adeg honno yn ein hardal ni. Roedd hyn yn rhywbeth i'w ddisgwyl, a cheid brwydr barhaol rhwng yr arweinydd a'r heclwr. Ond anaml y câi unrhyw arweinydd y gorau ar Dic.

Fe anfarwolodd Dic ei hun fel cyfieithydd unwaith hefyd. Roedd y bois yn trafod cwpled enwog Cynan:

'Unig uchelgais llanc o'r wlad
Yw torri cwys fel cwys ei dad.'

Dyma rywun yn awgrymu bod y cwpled yn un mor nodedig fel y dylid ei gyfieithu i'r Saesneg. Gan Dic y cafwyd y cyfieithiad gorau:

'The only ambition of a country lad
Is to plough a furrow like his furrow dad.'

Chware teg i Dic. Fe gafodd yr odl yn iawn; fe gafodd y rhythm yn iawn. Dim ond yr ystyr aeth ar goll.

Roedd Dic yn ddiarhebol o gryf. Eto i gyd, fe'i torrwyd i lawr gan angau yn ŵr canol oed ychydig dros ddeng mlynedd yn ôl. Collodd yr ardal gymeriad arbennig iawn, a da clywed bod ei hen gyfeillion wedi penderfynu agor cronfa i osod carreg ar ei fedd yn Ystrad Fflur.

Erbyn canol y chwedegau, doedd hi'n fawr o syndod,

o ystyried eu hetifeddiaeth eisteddfodol gyfoethog, fod Bois y Bont wedi dechrau troi eu golygon tua'r Brifwyl. Y rhain oedd olynwyr naturiol y criw gwreiddiol. Yn eu plith roedd Pecs, Wil John Tŷ Canol, Lewis Edwards, neu Bwtsh, Ieuan Hafod-gau a'i frawd Tomos Roy, ac Alun Oliver, y mwyaf drygionus ohonynt i gyd.

Mae'n rhaid cyfaddef o'r cychwyn nad diwylliant y Brifwyl a ddenai Fois y Bont 'Mark II'. Yn wir, roedd y criw wedi mynychu'r Ŵyl am rai blynyddoedd cyn iddyn nhw erioed weld y Pafiliwn. Pan welodd Pecs ef gyntaf, ar ei ffordd allan o'r *Colcott Arms* yn y Barri, ei ymateb cyntaf oedd:

'Yffach dân. Beth yw'r ffatri fowr 'na?'

Yn y Barri hefyd y cafwyd cyfarfyddiad hanesyddol rhwng Pecs a Chynan — yr Archdderwydd yn gadael yn gynnar ar fore dydd Sadwrn yr Ŵyl i ddal y trên ar gyfer rhyw gyfarfod pwysig yn Llundain. Wrth iddo gyrraedd y platfform dyma Pecs, a oedd wrthi'n chwydu ar y coed rhosys, yn codi ei ben ac yn gweld yr Archdderwydd ei hun yn sefyll yn ei ymyl. Bu ymateb Pecs yn un nodweddiadol. Dyma fe'n syllu i fyw llygaid Cynan gan ofyn:

'Blydi hel, Cynan. Beth yffarn wyt ti'n neud mas mor gynnar yn y bore?'

Am unwaith aeth yr Archdderwydd yn fud.

Yn Eisteddfod y Drenewydd y gwnaeth y bois eu strôc fwyaf. Heb unlle i gysgu, dyma nhw'n penderfynu mai'r unig le teilwng fyddai'r Pafiliwn Mawr ei hun. Ac fel petai hynny ddim yn ddigon, fe welodd un ohonynt yn dda i wneud ei fusnes ar blatfform ffilmio HTV. Y bore wedyn fe gofiodd iddo adael ei gôt yno hefyd.

Mentrodd i'w nôl, ac yno y bu ef a dyn camera HTV yn dwrdio'r mochyn diawl a fu'n gyfrifol am halogi'r platfform.

Yn y Fflint, byddai'r bois yn ymolchyd bob bore mewn nant fechan gerllaw'r safle parcio. Un bore, roedd Bwtsh wrthi'n golchi ei ddannedd pan sylwodd fod darnau o bapur yn cael eu cario heibio'i draed gan y dŵr. Edrychodd i fyny'r nant, ac yno roedd Alun Oliver newydd gwblhau galwad natur.

Ac i Fois y Bont y gellir priodoli tranc yr arfer o ganu cynulleidfaol mewn man canolog yn hwyr bob nos. Yn Eisteddfod y Bala y clatshwyd yr hoelen olaf i'r arch. Un noson, a Thawe Griffiths, yn ôl ei arfer, yn arwain, cyrhaeddodd barbariaid y Bont. Dringodd Pecs i fyny'r grisiau lle safai Tawe, a chefn wrth gefn â'r arweinydd, fe ddechreuodd ledio caneuon nad oeddynt yn gynwysiedig yn Llyfr Emynau'r Methodistiaid Calfinaidd. A'r canu answyddogol a orfu. Fu yna ddim canu emynau awyr-agored llewyrchus byth wedyn.

Erbyn hyn mae Bois y Bont yn ganol oed, y rhan fwyaf ohonynt heb barchuso, ond wedi rhoi'r gorau i ymyrryd â'r gweithgareddau eisteddfodol. Hynny er mawr ryddhad i swyddogion ac eisteddfodwyr ledled Cymru. A hwyrach fod yr eisteddfodau, mawr a bach, wedi colli llawer o'u cymeriad o'r herwydd.

Pennod 9

'Two, Four, Six, Eight, Who do we appreciate? B-O-N-T . . . BONT!'

Dyna'r siant a godai o'n plith ni, gefnogwyr y tîm pêl-droed lleol yn ôl ar ddiwedd y pedwardegau. Mae hi'n siant hynod ddiniwed heddiw. Ond yn y dyddiau hynny roedd hi'n siant herfeiddiol a modern.

Ac roedd gennym rywbeth i weiddi yn ei gylch. Roedd gan y Bont un o'r timau gorau yn y sir, tîm a fwynhaodd lwyddiant o'r dechrau cyntaf.

Sefydlwyd y tîm yn 1947 o gwmpas cnewyllyn o fechgyn lleol a myfyrwyr o'r coleg offeiriadol yn Ystrad Meurig, a oedd wedi dysgu'r grefft o gicio pêl yn y lluoedd arfog. Buan y trosglwyddwyd y grefft honno i weision fferm, gweithwyr y ffordd a'r rheilffordd, a bechgyn ysgol, gan greu tîm sy'n dal i gael ei ystyried fel un o'r goreuon erioed i chwarae yng Nghynghrair Aberystwyth a'r Cylch.

Pan agorwyd cronfa i sefydlu'r clwb, y cyntaf i daflu ei hatling, neu'n hytrach ei ddau bisin hanner coron, i'r het — y cyfan oedd ganddo yn ei boced — oedd cymeriad o'r enw Guy Morgan.

Hanai Guy o deulu parchus iawn. Ei dad oedd Doctor Morgan, Pontrhydygroes, ac roedd e'n frawd i dwrne o Aberystwyth, Eyton Morgan. Bu'n byw am rai blynyddoedd gyda chwaer yng Nghanada, a'i hoffter at y gêm hoci iâ allan yno oedd yn gyfrifol am y dillad a wisgai tra'n gweithredu fel llumanwr i dîm y Bont. Ar wahân i sgidiau a thrôns pêl-droed, gwisgai gôt wen, gyda bathodyn coch a glas ar ei phoced. Ond y cap oedd y dilledyn mwyaf arbennig — cap tîm hoci iâ y *Moose Jaw Royals*. Sôn am Wali Tomos!

Yn ogystal â rhedeg y lein, fel Wali, gweithredai Guy hefyd fel dyfarnwr pan na fyddai'r swyddog penodedig yn medru bod yn bresennol. Naill ai fel llumanwr neu ddyfarnwr, enillodd fwy o bwyntiau i'r Bont nag a wnaeth yr un chwaraewr.

Ceir stori am Guy yn dyfarnu mewn gêm rhwng y Bont a Phontrhydygroes, pan dynnodd rhywun ei sylw, adeg hanner amser, at y ffaith fod gan y Bont ddeuddeg o chwaraewyr. Ar ôl eu cyfrif, a chael fod hyn yn wir, wnaeth Guy ddim mynd i'r drafferth o ymgynghori â'r capten nac aelodau'r pwyllgor. Aeth ar ei union at Ronnie John, a oedd wedi bod yn dadlau ag ef yn gynharach, a'i ddanfon bant. Ac er gwaetha'r ffaith mai Ronnie oedd un o chwaraewyr gorau'r tîm, bant y bu'n rhaid iddo fynd.

Roedd Guy yn dipyn o saethwr a heliwr hefyd, ac mae yna stori apocryffal amdano allan yn saethu gyda chriw Arglwydd Lisburne un diwrnod, pan anelodd Guy ei ddryll at ffesant a oedd yn rhedeg ar draws y ffordd o'i flaen.

'Gan bwyll nawr, Morgan,' meddai Arglwydd Lisburne. 'Fyddech chi byth yn saethu ffesant sy'n rhedeg, fyddech chi?'

'Na fyddwn,' atebodd Guy. 'Fe wna i aros iddo fe stopio yn gynta.'

Beth bynnag, pobl fel Guy oedd asgwrn cefn y clwb pan y'i lansiwyd dair blynedd ar ddeg ar ôl sefydlu Cynghrair Aberystwyth a'r Cylch yn ôl yn 1934. A'r Bont yw'r unig glwb sydd wedi parhau yn aelod o'r cynghrair hwnnw yn ddi-dor.

Yn ei flwyddyn gyntaf, roedd y tîm yn chwarae yn yr ail adran. Ac yn y tymor cyntaf un llwyddwyd i ennill y dwbl — y bencampwriaeth a'r cwpan.

Pan chwaraewyd ffeinal y cwpan ar faes Park Avenue, Aberystwyth, teithiodd saith o fysys i fyny o Bontrhydfendigaid. Y gwrthwynebwyr oedd Llanrhystud ac enillodd y Bont o ddwy gôl i ddim. Roedd dros fil o dorf yn gwylio'r gêm ac ar y diwedd aeth cefnogwyr y Bont yn wyllt, gyda John Griffith Williams, blaenor gyda'r Methodistiaid, a'r Ficer, John Aubrey, yn cofleidio'i gilydd. Sôn am uno'r enwadau!

Ar ddiwedd y gêm aeth y tîm adre ar ei union i arddangos y tlws. Dim dathlu yn nhafarnau Aberystwyth cyn hynny. O, na, fe wnaeth Tom Evans, Wellington, yn siŵr o hynny. Nid oherwydd culni. Yn hytrach, teimlai mai pobl y pentre a ddylai fod y rhai cyntaf i gael ymuno yn y dathlu.

Roedd Tom Wellington yn aelod o'r pwyllgor, ac er nad oedd ei wybodaeth am bêl-droed yn rhyw eang iawn, fe wyddai beth oedd seicoleg clwb hapus. Roedd Tom yn rhyw fath ar Brian Clough cynnar.

Mae gen i gof plentyn o'r gêm a enillodd y bencampwriaeth i'r Bont ym mlwyddyn gynta'r clwb yn y cynghrair. Roedd ein tîm ni a Thal-y-bont yn gyfartal ar ddiwedd y tymor, felly rhaid fu trefnu gêm rhwng y ddau glwb i benderfynu i ble yr âi'r darian. Dim ond wyth oed oeddwn i, ond mae gen i gof da am y gôl a drodd y fantol, yr unig gôl o'r gêm. Roedd golwr bychan, talentog Tal-y-bont wedi arbed popeth nes i'r bêl ddisgyn wrth draed Wil Meredith ar ymyl cwrt cosbi'r gwrthwynebwyr. Fe drawodd Wil y bêl fel ergyd allan o wn. Rwy'n tystio na chododd fwy na modfedd o'r ddaear wrth bladuro llwybr drwy'r borfa i gefn y rhwyd.

Flynyddoedd yn ddiweddarach daeth John, un o feibion Wil, a gohebydd newyddion Radio Cymru yn Aberystwyth, yn un o sêr y tîm.

Roedd maes cartre'r tîm ar un o gaeau Sam Davies, neu Sam Rock Villa. Cyntefig iawn oedd yr adnoddau. Doedd gan y clwb ddim rhwydi. Yn wir, doedd yna ddim trawstiau, dim ond pyst a rhaff o un postyn i'r llall, a blawd llif oedd yn marcio'r llinellau. Doedd yna ddim stafelloedd newid chwaith, wrth gwrs. Draw yn adeilad yr Aelwyd, yr ochr arall i'r pentre, y newidiai timau'r ymwelwyr.

Fe sicrhaodd llwyddiant y tîm fod y gêm yn dod yn ail grefydd i'r ardal. Trefnwyd pob math o gystadlaethau. Rwy'n cofio gêm rhwng chwaraewyr dros ddeugain yn erbyn rhai tan ddeugain. Trefnwyd gêm arall rhwng y ffermwyr a'r bugeiliaid, gêm a gafodd ei hysbysebu, diolch i ddychymyg David Lloyd Jones, a chwaraeodd fel golwr am flynyddoedd, fel '*Clod-bashers versus Sheep-slashers*'.

Un o'r *Clod-bashers* oedd Mr Gaunt, Maes-elwad, gŵr cadarn, cydnerth, a alwyd unwaith i chwarae dros dîm y Bont. Cyrhaeddodd ar ei union o fod yn chwynnu swêj, yn ei ofyrôls a'i sgidiau mawr. A chyda'r gic gyntaf fe fyrstiodd y bêl.

Bu'r tîm yn chwarae ar nifer o wahanol gaeau cyn i waddol Pantyfedwen droi dau neu dri o gaeau Sam Rock Villa yn un cae chwarae mawr, gyda'r holl adnoddau diweddaraf.

Roedd Sam ei hun yn gymeriad arbennig iawn. Fe dreuliai lawer o'i amser yn eistedd ar y sgwâr fach, neu sgwâr Rock Villa, gyda nifer o ffrindiau, pobl fel Tom Williams, Lewis Edwards a Tom Evans, neu 'Twm Two-Year-Old', fel y'i gelwid. Fe gafodd ei lysenw, druan, am iddo unwaith, wrth ateb cyfarchiad, ddweud ei fod yn teimlo mor ifanc â phlentyn dwyflwydd.

Mae rhai o storïau Sam yn dal yn chwedlau yn y Bont o hyd. Un dydd roedd Sam a thri neu bedwar o'i ffrindiau yn sefyll yn rhes ar ochr y ffordd, pob un â'i bwys yn drwm ar ei ffon, pan ddaeth y gweinidog atynt.

'Shwd y'ch chi'n teimlo, bois?' gofynnodd hwnnw.

'Fel y gwelwch chi, Walters bach,' meddai Sam, 'ry'n ni fel rhes o gidni bîns.'

Roedd gan Sam ateb i bawb a phopeth. Ni châi byth ei synnu gan ddim byd. Petai rhywun yn mynnu iddo weld eliffant ar Gors Caron, fe fyddai Sam wedi gweld dau eliffant yno.

Un o'i storïau celwydd golau enwocaf oedd honno pan gyrhaeddodd rhywun y sgwâr ar un o fysys Will Lloyd ar ddiwrnod braf, gan dystio ei bod hi'n arllwys y glaw yn Nhregaron, bum milltir i ffwrdd. 'Diawch,' meddai Sam, 'dyw hynna'n ddim byd. Rwy'n cofio pan own i'n gweitho lawr yn y Sowth — fi a Twm Williams. Roen ni yn Glyncorrwg un bore dy' Sul ac yn penderfynu dod adre i'r Bont 'ma i gâl cinio — fi at Marged y wraig a Twm at Sara. Fel own i'n tanio'r moto-beic, fe ddigwyddodd Twm 'weud ei bod hi'n dechre bwrw glaw, ac i fi wasgu arni. Fe wnes, a dod 'nôl i'r Bont o flân y glaw bob cam. Ond diawch, bois bach, credwch ne' beido, roedd Twm, ar y pilion, yn wlyb at 'i grôn!'

Hyd yn oed mewn salwch yn yr ysbyty, doedd dim rhoi lawr ar Sam. Yn y gwely nesaf ato gorweddai gŵr a oedd yn mynd dros ben llestri braidd wrth ddisgrifio gymaint o gwningod oedd ar ei dir. Wnaeth Sam ddim dadlau ag ef, dim ond adrodd stori fach.

'Wi'n cofio mynd mas i ffereta i goed Llwyngronwen unwaith,' meddai Sam. 'A diawch, roedd cymaint o gwningod yno fel y buodd raid i fi dynnu tair ar ddeg cwningen mas o'r twll er mwyn gwneud digon o le i'r fferet fynd mewn.'

Do, fe chwaraeodd Sam, yn ei ffordd ei hun, ei ran yn llwyddiant y tîm yn y blynyddoedd cynnar hynny, drwy roi benthyg ei gae. Ac yn y tîm llwyddiannus cyntaf hwnnw, roedd dau o'r chwaraewyr rheolaidd yn fyfyrwyr offeiriadol yn Ystrad Meurig — Malcolm Parminter, a fedrai'n llythrennol chwarae mewn unrhyw safle, a Basil Scutt.

Ni ellir dweud i'r berthynas rhwng pobl ifainc y Bont a'r myfyrwyr fod yr un mor gyfeillgar gydol yr amser. Pan oeddwn i yn fy arddegau, roedd yna gryn elyniaeth rhwng y ddwy garfan; hynny yn bennaf oherwydd diddordeb y rheiny yn y merched lleol. Ein henw ni ar Goleg Sant Ioan, Ystrad Meurig, oedd 'Coleg Cae Maip'. Deuai'r elyniaeth i'w phenllanw ar noson Guto

Ffowc pan fyddem ni, fois y pentre, yn gosod rheng o rocets ar y bont a'u tanio tuag at y stiwdents.

Roedd gan un cymeriad lleol enw diddorol iawn ar fyfyrwyr Ystrad Meurig — 'hadau ffeiradon' — nid egin, sylwer. Iddo ef, John Blaengorffen, doedden nhw ddim wedi cyrraedd mor bell â hynny.

Ceir stori am John unwaith yn annerch criw o'r stiwdents ar y bont, gan gyfeirio at faw anifail ar ganol y ffordd.

'Nawr 'te,' meddai John. 'All un ohonoch chi weud 'tho i beth yw hwnna?'

'Dom ceffyl,' atebodd un myfyriwr.

'Wel, wel,' meddai John. 'Dyna i chi be' ma' bod yn stiwdent yn ei wneud i rywun. Peth od yw addysg. Fe fyddwn i, yn fy nhwpdra, yn tyngu mai dom caseg yw e.'

Ar y cyfan, fodd bynnag, roedd y berthynas rhwng y myfyrwyr a'r pentrefwyr yn un digon iach ac fe gyfrannodd rhai ohonynt yn helaeth i lwyddiant y tîm. Roedd Roberts — chofia i mo'i enw bedydd — ymhlith y golwyr gorau a chwaraeodd i'r Bont erioed, tra oedd Alex Clarke yn asgellwr cyflym a medrus. Bu Keith Tyte, a briododd â Gwen fy chwaer, yn aelod disglair o'r tîm. Ac fe fedraf gofio myfyriwr â'r cyfenw Sutton yn chwarae i'r Bont. Cyn ei gêm gyntaf bu Iori Williams yn mynd o gwmpas y pentre yn cyhoeddi bod gan y Bont chwaraewr newydd o'r enw Satan.

Nid Coleg Ystrad Meurig fu'r unig goleg i fod â chysylltiad agos â thîm y Bont. Bu nifer helaeth o fyfyrwyr Cymraeg Aber hefyd yn chwarae i'r tîm yn y saithdegau; yn eu plith Mei Jones, Graham Pritchard, Arthur Emyr, Robin Ifans, Emyr Davies a'r actor Bryn

Fôn. Ar un adeg bu cymaint â chwech o fyfyrwyr Cymraeg Aber yn aelodau o'r tîm. Ac yn wir, fe ysbrydolwyd Mei i seilio ambell gymeriad *C'mon Midffîld* ar rai o chwaraewyr a swyddogion clwb y Bont.

Bu record y tîm yn ystod y blynyddoedd cynnar yn un anrhydeddus. Ac roedd gan y Bont chwaraewyr cadarn a medrus. Prif gryfder y tîm, yn ddiamau, oedd y ddau gefnwr, Jim Glangors a Moc Brynrhosog. Gwaith cymharol hawdd i golwr oedd chwarae y tu ôl i'r ddau hyn. Ac mae'r golwr gwreiddiol, Richard Hopkins, er ei fod wedi gadael y pentre, yn edrych mor iach â'r gneuen. Yng nghanol y cae bu Dai Hughes yn was da a ffyddlon am flynyddoedd, tra bu Wil Meredith yn chwaraewr medrus gyda tharan o ergyd. Ymhlith yr ymosodwyr, roedd cyflymder Toss Hughes yn chwedl, a'i draed fel arian byw.

Yn ystod ei bum mlynedd yn yr ail adran, enillodd y clwb y bencampwriaeth ddwywaith, gan ddod yn ail unwaith. Enillwyd y cwpan unwaith a daethpwyd yn ail ddwywaith.

Ond bu'n rhaid aros tan ddechrau'r chwedegau am oes aur y Bont. Rhwng 1960 ac 1974, enillwyd y bencampwriaeth bum gwaith, cwpan y cynghrair deirgwaith, a chwpan Gogledd Ceredigion bedair gwaith.

Ar hyd y blynyddoedd, bu'r Bont yn gyforiog o dalentau, heb sôn am gymeriadau. Un o'r cymeriadau mawr oedd Huw Jones, neu Huw Bach y Garej, a chwaraeai ar ddechrau'r pumdegau. Huw oedd y cyntaf i mi ei weld erioed yn ymarfer y dacl sglefr, neu'r *sliding tackle*. Ar dywydd gwlyb y gweithiai'r dacl orau. Pan welai Huw wrthwynebydd ar y bêl, byddai'n cymryd ras, ac yna, o fewn tua teirllath i'r gelyn, byddai'n cloi ei goesau, a chydag un droed o flaen y llall, fel petai'n sglefrio, byddai'n sleidio i mewn i'r gwrthwynebydd druan, a'i godi i sychu. Cafodd olynydd teilwng yn Rolant Arch.

Prif sgoriwr y Bont yn y cyfnod hwn oedd yr asgellwr medrus Berwyn Jones, a rwydodd 47 gôl yn nhymor 1951-52. Aeth ymlaen i fod yn chwaraewr llwyddiannus yn nhîm cyntaf Aberystwyth.

Yn ystod fy nghyfnod i, tymhorau digon hesb a gafodd y Bont, sy'n rhywbeth mwy na chyd-ddigwyddiad. Ond roedd yna chwaraewyr da yn y tîm bryd hynny hefyd — Pecs, er enghraifft, pan oedd e'n teimlo fel chwarae, a'i frawd Ronnie, a oedd fel daeargi yng nghanol y cae. Fel ergydiwr doedd neb i'w gymharu â Byron Williams, tra oedd Moc Morgan yn un o'r ymosodwyr cyflymaf a'r mwyaf cywir ei ergyd. Chwaraeodd dros y Bont yng Nghynghrair Aberystwyth a'r Cylch ac i Dregaron yng Nghynghrair Sir Aberteifi. Yn y cefn fe fyddai'n anodd canfod neb gwell nag Arwyn Hughes, Brynhope, ac Alan Davies, a enillodd gap ieuenctid i Gymru.

Ond o sôn am gefnwyr, y caletaf i mi erioed gyd-chwarae ag ef oedd Dai Edwards, Cruglas. Pwtyn byr oedd Dai, ond âi neb heibio iddo'n groeniach. Fe'i gwelais yn codi ymosodwyr ddwywaith ei daldra, ac ni fentrent yn ôl am ail gynnig.

Petai raid i mi enwi'r gorau oll i mi eu gweld yn chwarae i'r Bont, byddai'n amhosib i mi wahanu Wil Lloyd a David Williams. Wil, yn sicr, oedd y mwyaf medrus erioed i chwarae i dîm y pentre. Cafodd gyfle i ymuno â Chaerdydd, ond roedd ei wreiddiau yn y Bont yn rhy ddwfn, ac adre y daeth. Ond fel sgoriwr doedd neb yn dod o fewn lled cae i David Williams. Yn ystod gyrfa a dorrwyd gan angau, ac yntau ddim ond yn 39 oed, sgoriodd David, neu 'Dias', fel y câi ei adnabod, dros fil o goliau.

Ond nid chwaraewyr yn unig sy'n gwneud tîm. Bu'r clwb yn ffodus yn ei swyddogion ar hyd y blynyddoedd. Cefais brofiad o gydweithio gyda dau yn arbennig — Ken Jones a Lloyd Thomas. Bu Ken, am flynyddoedd, yn un o'r swyddogion mwyaf cydwybodol yn hanes y clwb. Ac am Lloyd, sy'n berchen ar rai o nodweddion Arthur Picton, bu ei garedigrwydd tuag at y clwb yn chwedl. Cariodd chwaraewyr o bellafoedd daear yn ei gar, yn ôl ac ymlaen i'r Bont i chwarae i'r tîm, a hynny'n ddi-dâl. Synnwn i ddim nad yw teithiau Lloyd dros y clwb yn gyfystyr â gyrru i China ac yn ôl. A phetai e'n digwydd gweld chwaraewr da ym Mongolia, tra ar ei daith, gallech fod yn sicr y byddai hwnnw'n chwarae i'r Bont y Sadwrn wedyn!

Fe fûm i'n ysgrifennydd i'r clwb am rai blynyddoedd, yn ogystal â bod yn ysgrifennydd y cynghrair, a gwn beth yw gorfod dibynnu ar y gweddill prin i gario'r baich. Fe fydd Ken a Lloyd ar restr anfarwolion y clwb.

Ie, tenau iawn fu fy llwyddiant i fel pêl-droediwr. Ond fel asyn Chesterton gynt, fe gefais innau f'awr. Daeth honno yn un o rowndiau Cwpan Ieuenctid Cymru. Ar fy ffordd adre o'r pentre oeddwn i un bore Sadwrn pan stopiodd Moc Morgan ei gar wrth fy ymyl a gofyn i mi a wnawn i chwarae'r prynhawn hwnnw fel blaen-ymosodwr i Dregaron yn erbyn Aberystwyth. Derbyniais y gwahoddiad yn llawen.

Ar faes Park Avenue, doedd ein bechgyn ni, wrth gwrs, yn ddim byd gwell nag anwariaid o'r coed i chwaraewyr Aber. Eu llysenw arnom ni, fechgyn y wlad, oedd *'bush-men'*. Felly roedd yma gyfle i dalu hen chwech yn ôl. Nid ein bod ni'n teimlo bod gennym unrhyw obaith yn y byd.

Llwyddasom i'w dal yn ddi-sgôr am dri chwarter y gêm, ac fe gefais i amser caled gan fy marciwr, Don Evans, amddiffynnwr canol chwe throedfedd o daldra, a enillai bopeth yn yr awyr ac a oedd yn chwimwth iawn. Bu'n edliw fy nhras goedwigaidd i mi gydol y gêm, gan wawdio a gwatwar. Ond o'r diwedd fe ddaeth cyfle. Llwyddais i gael hanner cam o flaen arno, denu'r golwr allan a gwthio'r bêl yn llawen i'r rhwyd.

Do, curwyd tîm a oedd yn un o'r ffefrynnau ac fe gawsom ni, fechgyn y wlad, ein trin gydag ychydig mwy o barch gan fois y dre wedyn.

Daeth awr fawr arall tra'n chwarae i Lanfair-ym-Muallt yn erbyn Aberystwyth, eto ar gae Park Avenue. Roedd y timau yn chwarae yng Nghynghrair y Canolbarth, a gellir cael syniad o'r diffyg safon wrth i'r ddau dîm gyrraedd gydag un dyn yr un yn brin.

Llond dwrn yn unig a ddaeth i wylio, ac o'u plith dewiswyd Dai Metcalfe a minnau i chwarae—Dai dros Aber a minnau dros yr ymwelwyr. Llanfair-ym-Muallt a enillodd, a fi sgoriodd yr unig gôl. Roedd hi'n un o'r gôls melysaf i mi ei sgorio erioed, o gofio'r hen elyniaeth rhwng bois y Bont a'r dre.

Fy nghydymaith pêl-droed, fel mewn bywyd, oedd

Pecs. A fedrai neb ein cyhuddo o gymryd y gêm ormod o ddifri. I'r gwrthwyneb. Cofiaf yn dda, ar gae Llanfarian, y dyfarnwr yn bygwth danfon y ddau ohonom o'r maes am daflu talpiau o ddom ceffyl at ein gilydd ar hanner y gêm. Ac ar yr un cae eto, fe wylltiodd Moc Morgan yn gacwn, diolch i Pecs. Roeddem ni'n colli 2-0 pan gafodd Moc y bêl yn ei hanner ei hunan. Curodd ddyn ar ôl dyn cyn sgorio perl o gôl — dim ond i'r dyfarnwr ei gwrthod am gamsefyll. Dadleuodd Moc na fedrai fod yn camsefyll gan iddo redeg drwodd o'i hanner ei hun. Ond nid Moc oedd y pechadur. Pwyntiodd y dyfarnwr at un o byst gôl Llanfarian lle'r oedd Pecs yn dal i bwyso ar ôl bod yn cael sgwrs fach â'r golwr.

Mae pêl-droed wedi, ac yn dal, i chwarae rhan bwysig iawn yn fy mywyd i. A dirgelwch i rai yw'r ffaith fy mod i'n ffoli ar Arsenal. Mae'r ateb yn syml. Pan ddechreuais gymryd diddordeb yng Nghynghrair Lloegr, fel pob plentyn ysgol, roedd mwy o Gymry yn chwarae i Arsenal nag i'r un tîm arall, gan gynnwys prif glybiau Cymru.

Bu Wally Barnes yn arwr cynnar i mi. Yna fe ddaeth Jack Kelsey, Dave Bowen, Ray Daniel, Mel Charles a Derek Tapscott. Bob tro yr af i Highbury byddaf yn galw yn siop y clwb i gael gair â Kelsey, sydd wedi bod yn rhedeg yr ochr fasnachol yno ers blynyddoedd. Rwy'n aelod oes o'r Clwb Cefnogwyr ers blynyddoedd bellach. Felly hefyd Dylan, y mab.

A dyna fantais yw bod yn dad. Pan oedd Dylan dipyn yn iau, a minnau'n mynd ag ef i Highbury ac i gemau cartref Cymru, roedd e'n esgus da dros fynd at wahanol chwaraewyr a gofyn am eu llofnod — i'r crwt, wrth gwrs! Dyna sut y llwyddais i gyfarfod â sêr fel Liam Brady a Frank Stapleton, Ian Rush a Mark Hughes a'm harwr mwyaf oll, er na chwaraeodd erioed i Arsenal — yr anghymharol Denis Law.

Ydi, mae Dylan wedi bod o gymorth mawr i mi fedru tynnu sgwrs â'r goreuon. Cofiwch, does neb ohonynt all ddal cannwyll i hen arwyr y Bont.

Ac mae'r rhod wedi troi yn llwyr. Erbyn hyn mae Dylan wedi chwarae i'r Bont. Ac mae e'n dipyn gwell chwaraewr nag y bu ei dad erioed. Nid bod honno'n gamp fawr.

Ond mae'n anodd gen i gredu y caiff e gymaint o hwyl ag a gafodd ei dad.

Pennod 10

Fel rhywun a gâi Aneurin Bevan ar ei dost i frecwast a Clement Attlee mewn brechdanau i swper, dydi e ddim syndod yn y byd mai coch iawn fu lliw fy mhlentyndod. Deuai'r *Daily Herald* i'n tŷ ni yn ddyddiol, a phob amser brecwast a swper, tra'n gwrando ar y newyddion wyth a chwech o'r gloch ar y radio, byddai Nhad yn rhoi ei liw gwleidyddol ei hun ar ddigwyddiadau'r byd.

Lliwiwyd fy mhlentyndod i'r fath raddau fel na fedrwn ddychmygu sut greadur oedd Tori. A phan welais fy Nhori cyntaf — neu o leiaf y Tori cyntaf i gydnabod yn agored ei liw gwleidyddol — fe'm synnwyd o weld nad oedd e'n wahanol i unrhyw ddyn arall.

Cyn belled ag yr oedd etholiadau lleol yn bod, doedd teyrngarwch plaid ddim yn bwysig. Teyrngarwch teuluol i'r naill neu'r llall o'r ymgeiswyr oedd y prif ffactor. Medraf gofio ambell etholiad danbaid rhwng Emrys Lloyd, Hen Fynachlog a Joseph Hughes, Lluest. Yn wir, fe fyddai'r etholiadau hynny dros gyfnod y canfasio yn hollti dwy fro gan fod y naill yn byw ar lawr gwlad, rhyw filltir i'r de o'r pentre, a'r llall yn byw ar ucheldir Ffair Rhos. Erbyn y cownt, byddai rhai dwsinau yn ymgasglu y tu allan i'r Ysgol Gynradd, ymron hanner ffordd rhwng y ddau bentre, i glywed y canlyniad.

Erbyn fy arddegau cynnar, doeddwn i ddim yn rhyw soffistigedig iawn ynglŷn â gwleidyddiaeth. Roedd y Sosialwyr i gyd yn bobl dda a'r Toriaid i gyd yn bobl ddrwg.

Yn ddisgybl pumed dosbarth yn Nhregaron, fe ymunais â Phlaid Cymru. Ond nid rhyw dröedigaeth ar y ffordd i Ddamascus fu hyn. Yn hytrach roedd e'n rhywbeth rebelaidd i'w wneud. Ar ben hynny, teimlwn y byddai gwisgo'r Triban yn ffordd o wylltio'r prifathro a rhai o'r athrawon a oedd yn Rhyddfrydwyr pybyr. Rhyw dynnu coes digon diniwed, dim byd mwy, ar fy rhan i a rhai o'm ffrindiau.

Aeth rhai blynyddoedd heibio cyn i mi ddod yn genedlaetholwr cydwybodol. A'r digwyddiad a wnaeth gataleiddio'r newid oedd Tryweryn.

Yn Eisteddfod Caernarfon 1959 y deuthum i'n ymwybodol o'r bygythiad i Gapel Celyn. Roedd Henry Brooke, yr Ysgrifennydd Gwladol — neu beth bynnag y'i gelwid ar y pryd — wedi cyhoeddi'r bwriad o foddi'r cwm. Ac ym Mhabell Lên y Brifwyl dyma Llwyd o'r Bryn yn adrodd ei gwpled anfarwol:

Bodder yn nŵr Tryweryn
Henry Brooke, medd Llwyd o'r Bryn.

Erbyn i'r gwaith o godi'r argae gychwyn roeddwn i'n gweithio yn Llyfrgell y Coleg yn Aber. Ac yno, o flaen fy llygaid, gwelais holl feddylfryd y myfyrwyr Cymraeg yn newid dros nos, bron iawn.

Yn ystod fy nwy flynedd i yn y Coleg, doedd 'na brin arlliw o Gymreictod na Chymreigrwydd yn perthyn i'r lle. Saeson a Chymry di-Gymraeg oedd llawer o'm ffrindiau ac fe dderbyniwn Seisnigrwydd y lle fel awyrgylch gwbl naturiol. Dydw i ddim yn meddwl i mi erioed fod ar gyfyl un cyfarfod o'r Geltaidd ac mae gen i o hyd lyfrau o'r cyfnod hwnnw a'm henw a'm cyfeiriad arnynt yn y ffurf Saesneg — 'Lynn Ebenezer (Ie, dwy "n"), Heulfryn, Pontrhydfendigaid, Cardiganshire, Wales.' Oes wir, hyd yn oed llyfrau Cymraeg.

Yna, fe ddaeth Tryweryn. Ac fe ddaeth Emyr Llew.

Ar ddechrau'r chwedegau gwelwyd criw o fyfyrwyr Cymraeg tanbaid yn dod i Aber. Yn eu plith roedd Gwilym Tudur, Twm Geraint, Aled Parcnest, Dyfrig Tomos a llawer mwy. Ond heb amheuaeth, Emyr Llew oedd yr ysbrydoliaeth fawr. Ef oedd y lefain yn y blawd. A thros nos, bron, crëwyd yr ymwybyddiaeth o'r hyn y dylai'r Coleg fod — nid rhyw Goleg Prifysgol Lloegr yng Nghymru ond Coleg Prifysgol yng Nghymru i Gymry, yn bennaf.

Nid siarad yn unig a wnaeth Emyr Llew. Ac roedd yr hyn a wnaeth ef ac Owain Williams yn rhywbeth llawer mwy na ffrwydrad. Difethwyd mwy na newidydd trydan. Chwythwyd i ffwrdd hefyd yr hen hualau a'n cadwai yn bobl ufudd, eilradd. Ac mae'r ergyd honno ar y degfed o Chwefror 1963 yn dal i atseinio.

Yn anffodus, trodd gormod o bobl glust fyddar i'r ergyd. Ac wedi rhai wythnosau, aeth eraill yn ôl i'r hen rigolau. Ond i'r rheiny yr oedd ganddynt glustiau i wrando, ac a wrandawsant, ni fu pethe fyth yr un fath.

Yn anffodus, ni wrandawodd llawer o arweinwyr. A thawedogrwydd y rheiny, yn anad dim arall, a fu'n gyfrifol am greu rhwystredigaeth ymhlith rhai carfanau yng Nghymru. Y methiant hwnnw a esgorodd ar bobl fel John Jenkins. Y methiant hwnnw a esgorodd ar Fyddin Rhyddid Cymru.

Fe fûm i, ar y dechrau, yn rhan o'r mudiad hwnnw. Fe fyddai rhai pobl am i mi gywilyddio o'r herwydd, mae'n debyg. Dim o'r fath beth. Rwy'n falch o'm cyfeillgarwch â Cayo Evans a Dennis Coslett, Glyn Rowlands a Tony Lewis, Dai Bonner Thomas a Gethin ap Iestyn, Dafydd y Dug ac eraill.

Do, fe fuon nhw'n ffyliaid. Ond o leiaf, fe fuon nhw'n ffyliaid dros Gymru. Nid nhw oedd y cyntaf ac nid nhw, gobeithio, fydd yr olaf. Tra oedd eraill yn gwneud dim byd ond eistedd ar eu tinau gan resynu a beirniadu, fe aeth y rhain ati i geisio gwneud rhywbeth.

Crëwyd rhyw fytholeg o gwmpas Byddin Rhyddid Cymru. Ar y naill law mae'r rhai sy'n priodoli iddynt rhyw bresenoldeb sinistr yn y cysgodion. Ar yr llaw arall fe'u gwelir fel dim byd amgenach nag ynfytion, heb na'r gallu na'r ysbryd i greu unrhyw fath o chwyldro. Mae'r gwirionedd yn gorwedd rywle tua'r canol.

Yn sicr, doedd gan Fyddin Rhyddid Cymru mo'r syniad lleiaf pwy oedd y tu ôl i'r gyfres o ffrwydradau a achoswyd ledled Cymru ddiwedd y chwedegau. Ond i'r bomiwr go iawn, John Jenkins, roedd bodolaeth yr FWA, heb unrhyw amheuaeth, yn fendith, gan iddi dynnu'r sylw oddi arno ef. Ond peidied neb â meddwl nad oedd i'r FWA gefnogaeth boblogaidd. Yng Ngheredigion, er enghraifft, doedd yna'r un pentre, bron iawn, heb gefnogwyr. Deuai hynny'n amlwg yn y mynych gyfarfodydd a gynhelid mewn tafarndai cefn gwlad. Yn wir, i bobl ifainc yn arbennig, roedden nhw'n arwyr.

Cofiaf yn dda fod mewn dawns yn un o bentrefi'r arfordir, ac aelodau o'r FWA yn bresennol. Ar un wal crogai baner yr Undeb. Yn ddiymdroi fe'i tynnwyd i lawr a'i llosgi yn y fan a'r lle, a hynny i gymeradwyaeth fyddarol tra oedd y plismyn lleol, yn wyneb y fath gefnogaeth, yn gwbl ddiymadferth. Gweithred arwynebol, efallai. Ond gweithred hynod boblogaidd.

Tua'r un cyfnod fe wnaeth rhyw gyn-Major o Ffair Rhos sylwadau yn y wasg a oedd, i rai, braidd yn ddilornus o'r Cymry lleol. Un noson chwalwyd pob ffenest yn ei gartref. Does gen i'r un amheuaeth fod rhai pobl wedi clywed y difrodwyr wrth eu gwaith, ac yn gwybod yn dda pwy fu'n gyfrifol, ond ddwedodd neb ddim.

Ac os oedd yr FWA mor ddibwys, yn gymaint o ffârs, pam gwario cymaint o arian yn eu herlyn? Pam sicrhau bod *agent provocateurs* yn cydgymysgu â'r aelodau? Pam danfon criw o heddlu cudd i'n dilyn i Iwerddon yn 1966 ar gyfer dathliad hanner can mlwyddiant Gwrthryfel y Pasg?

Roedd yr heddlu cudd wedi ceisio cydgymysgu â ni ar y llong fferi i Rosslare. Yna, ar ôl esgyn ar y trên am Ddulyn, dyma ddisgwyl iddo symud cyn neidio oddi arno. Pan welodd yr heddlu cudd hyn, dyma hwythau'n neidio allan. Yna, a'r cerbyd olaf yn gadael y platfform, dyma ni'n neidio'n ôl ar y trên a chwifio ffarwel i'r heddlu cudd. Fe fu hynny'n dipyn o hwyl.

Cawsom groeso tywysogaidd yn Nulyn, ond does a wnelo'r atgof gorau sydd gen i ddim byd â'r dathliad. Yn nhafarn 'Mooney's' ar Sgwâr Parnell, cwrddais â Stephen Behan, tad Brendan a Dominic. Treuliais deirawr ddiddorol tu hwnt yn ei gwmni. Yn ei boced roedd ganddo wahoddiad swyddogol i'r dathliad y tu allan i'r Swyddfa Bost. Ond gwrthodai fynd am yr ystyriai fod pobl fel De Valera wedi bradychu'r achos.

Dyna pryd y cyfarfûm i hefyd â Joe Clarke, gŵr bychan, eiddil ar ffyn baglau, a oedd wedi ymladd ym Mrwydr Mount Street Bridge, brwydr ffyrnicaf Wythnos y Pasg, cyn cael ei ddal a'i garcharu yng Ngwersyll y Frongoch ger Y Bala. Cadwai Joe asiant llyfrau yn rhif 68 Upper O'Connell Street, a thrwyddo ef deuthum o hyd i aml gyfrol ddiddorol ar hanes Iwerddon. Cyfarfûm ag ef droeon a buom yn llythyru.

Yn siop lyfrau MacGiollaphadrig yn 12 Cathedral Street y deuthum ar ei draws ond bu'n rhaid imi bori drwy'r llyfrau hanes a phapurau'r cyfnod er mwyn canfod ei ran ym myddin Mount Street.

Galwodd ei uned — *Company 'C'* — ynghyd ar brynhawn dydd Llun y Pasg. Dim ond hanner yr uned a gadwodd yr oed. Dosbarthwyd y tri ar ddeg Gwirfoddolwr o gwmpas y bont a oedd yn allweddol ar y ffordd rhwng Dulyn a phorthladd Kingstown — neu Dun Laoghaire heddiw.

Ni ddigwyddodd unrhyw beth yn ystod y deuddydd cyntaf. Yna, ganol dydd Mercher, gwelwyd cannoedd o'r Sherwood Foresters yn dynesu o gyfeiriad Ballsbridge. Dechreuodd y tri ar ddeg gwirfoddolwr danio, ac o fewn munudau roedd y milwyr wedi'u gwasgaru.

Fe barhaodd y frwydr am saith awr. Yna, gyda'u drylliau'n wag, a thri o'r uned wedi'u saethu'n farw, ildiodd y Gwyddelod. Ond bu'r colledion ymhlith y

Foresters yn erchyll. Lladdwyd dwsinau, gan gynnwys pedwar swyddog, ac anafwyd cannoedd. Cymerwyd Joe yn garcharor, a threuliodd dros chwe mis yn y Frongoch.

Gydol ei fywyd fe fu'n weriniaethwr di-ildio. Gwrthododd yn lân â chymryd unrhyw ran yn nathliadau hanner can mlwyddiant Gwrthryfel y Pasg yn 1966 am y teimlai fod De Valera ac eraill wedi bradychu egwyddorion 1916. Wnaeth e' byth faddau i De Valera chwaith am dorri ei air adeg brwydr Mount Street. Roedd Dev, yn ôl Joe, wedi gaddo danfon mwy o filwyr o Bollands Mill i amddiffyn y bont. A phetai hynny wedi digwydd, roedd Joe yn sicr y byddent wedi llwyddo i gadw'r Foresters draw. Ond newidiodd De Valera ei feddwl.

A phan ddathlwyd, yn 1969, hanner can mlwyddiant cyfarfod cynta'r Dail, sef Senedd y Weriniaeth, cododd Joe ar ei draed i brotestio ac fe'i taflwyd allan i'r stryd.

Bu farw Joe yn 1976, ar noswyl dathliad trigain mlwyddiant Gwrthryfel y Pasg.

Joe a agorodd fy llygaid i'r ffaith fod Syr Roger Casement, nid yn unig yn ymladdwr glew dros yr iaith Wyddeleg, ond hefyd yn fardd. Yn siop lyfrau MacGiollaphadraig unwaith fe adroddodd i mi gerdd oedd yn cyfuno'r ddwy elfen yn Casement, cerdd o'r enw '*The Speech of our Sires*'.

It is gone from the hill and the glen,
The strong speech of our sires;
It is sunk in the mire and the fen
Of our nameless desires.

We have bartered the speech of the Gael
For a tongue that would pay,
And we stand with the lips of us pale
And all bloodless today.
We have bartered the brithright of men
That our sons would be liars.
It is gone from the hill and the glen —
The strong speech of our sires.

Like a flicker of gold on the whin
That the Spring breath unites,
It is deep in our hearts, and shall win
Into flames where it smites.
It is there with the blood in our veins
With the stream and the glen,
With the hill and the heath. And the weans
They shall THINK it again;
It shall surge to their lips and shall win
The high road to our rights —
Like the flicker of gold on the whin
That the sunburst unites.

Gŵr arall y bûm yn ei gwmni oedd W. J. Brennan-Whitmore, awdur y gyfrol '*With the Irish in Frongoch*'. Fe ailgreodd e'r brwydro yn hynod fyw i mi ar strydoedd Dulyn. Tipyn o gymeriad, er nad oedd gan Joe Clarke fawr i'w ddweud wrtho. Cyngor Joe i mi oedd, '*Never trust an Irishman with a hyphen.*' Ac efallai ei fod e'n iawn.

Ac mae'r Gwyddel wedi bod yn eilun i mi erioed. Bu criwiau ohonynt yn gweithio ddwywaith ar gynllun dŵr Llynnoedd Teifi uwchlaw Pontrhydfendigaid, a byddwn yn treulio oriau yn eu cwmni bob nos. Ond fe allasai'r cyfeillgarwch hwnnw fod wedi creu trafferthion mawr i mi. Un noson, yn un o'r tafarnau lleol, fe drosglwyddodd un o'r Gwyddelod fag papur i mi, a rhywbeth ynddo. Rhywbeth bach at yr achos, meddai. O'i agor bu bron i mi lewygu. Ynddo roedd darn cyfan o *gelignite* a thua teirllath o ffiws Cortex. Diolchais iddo'n frysiog a rhuthro allan. Fûm i ddim yn hir iawn yn cael gwared â'r pecyn.

Cyflogwr y criw o nafis oedd Bill Murphy, cymeriad lliwgar o Mayo. Byddai'n gwylltio'r gweinidog lleol drwy gyfeirio ato fel '*Father*'. A thra byddai ei griw yn gweithio, rhyw redeg yn ôl a blaen rhwng dwy dafarn y pentre a wnâi Bill. Un dydd, tra'n rhuthro, trawodd yn erbyn y gweinidog.

'*Take your time, Mr Murphy,*' meddai'r gweinidog. '*Remember that Rome wasn't built in a day.*'

'*No, Father,*' atebodd Bill. '*And do you know why? Because Bill Murphy wasn't the bloody contractor.*'

Pan briodais yn 1969, i Iwerddon yr aeth Jên a minnau ar ein mis mêl — i Ddulyn ac ymlaen i Cork. Tra yn Cork ceisiais gyfarfod â Tom Barry, arweinydd *Flying Column* y *Third West Cork Brigade*, a fu mor llwyddiannus ym mrwydr Kilmichael ac aml ymgyrch arall yn y frwydr yn erbyn y Tans a'r Auxilliaries. Yn anffodus, roedd y *General*, fel y câi ei adnabod gan ei bobl, wedi mynd i ffwrdd. Ond ddeng mlynedd yn ddiweddarach, a Tom erbyn hynny'n ddall a bron iawn yn fyddar, fe gefais y fraint o gyfarfod ag ef ac ysgwyd ei law.

Fe anfarwolwyd Tom mewn chwedl a chân. Ymhlith

nifer o ganeuon rebel sy'n moliannu ei gampau mae *'Barry's Column'* —

From East to West, from North to South
They tried to hunt the rebels out,
But the Tans, they had to go without
The men of Barry's Column . . .

Un arall boblogaidd yw *'The Third West Cork Brigade'* —

When Easter broke the tyrant's yoke
And showed us all the way
From tyranny, we proudly hailed the day;
And when the English sent the Tans,
Their murderous hand was stayed
In dear old Cork, at rebel Cork
By the Third West Cork Brigade . . .

Oedd, roedd ymweld ag Iwerddon — ac y mae o hyd — fel mynd adre. Ond yn ôl yng Nghymru yn 1969, gwelwyd cyfrwystra'r awdurdodau ar ei anterth gydag arhosiad y Tywysog Charles yn y Coleg yn Aber. Heuwyd celwyddau am wahanol genedlaetholwyr yn y gobaith o greu rhwyg. Ac fe fu hyn yn arbennig o wir ymhlith aelodau ac ymlynwyr o'r FWA. Fe ges i brofiad personol o'r ystryw.

Fe drawodd uwch-aelod o'r CID fargen â Cayo — nid swyddog lleol, gyda llaw. Gwyddai'r swyddog yn dda fod gan Cayo hen arfau cwbl ddi-werth yn ei gartref. Dyma ofyn iddo, felly, i daflu'r arfau ac yna ffonio'r heddlu i hysbysu ymhle y'u gadawodd. Byddai'r heddlu wedyn yn cael cyhoeddusrwydd da tra byddai Cayo'n cael addewid na châi ei erlyn am fod â'r arfau yn ei feddiant. Taflodd Cayo nhw i lyn rhwng Tregaron a Phontrhydfendigaid a ffonio'r heddlu. Ac fe gafwyd cyhoeddusrwydd anferth am 'lwyddiant' yr heddlu.

Yna fe heuwyd stori gan heddwas o un o bentrefi'r cylch mai fi oedd wedi ffonio'r heddlu. Yn amlwg, ni wyddai hwnnw am y trefniant ac fe geisiodd fynd ati ar ei liwt ei hun i greu rhwyg. Ni weithiodd ei ystryw gan na wyddai fy mod i eisoes wedi clywed am y fargen rhwng Cayo a'r uwch-swyddog.

Ni chadwodd yr uwch-swyddog at y fargen honno, gyda llaw. Pan ddaeth achos yr FWA o flaen Barnwr yn Abertawe, fe ddefnyddiwyd y 'darganfyddiad' yn y llyn fel rhan o dystiolaeth yr erlyniad.

Ond erbyn dechrau 1969 roedd hi eisoes yn amlwg fod elfennau sinistr ar waith. Roedd un newyddiadurwr, er enghraifft, yn arbennig o awyddus i dalu i rai o'r bechgyn am fynd allan ar ymarferiadau er mwyn creu stori a lluniau. Yn yr achos llys, fe ddefnyddiwyd y stori a'r lluniau fel tystiolaeth gan yr erlyniad. Aeth eraill ati i ffugio ffotograffau o aelodau o'r Fyddin yn ymarfer, a'u cyhoeddi fel ffotograffau dilys. I'r FWA roedd hyn, wrth gwrs, yn gyhoeddusrwydd a ddaeth â sylw byd-eang. Ond yn y diwedd defnyddiwyd yr un cyhoeddusrwydd fel tystiolaeth ddamniol yn eu herbyn.

Yn ystod fy mherthynas i â'r FWA, tipyn o hwyl ac antur fu'r cyfan. Ond erbyn diwedd y chwedegau roedd chwarae'n dechrau troi'n chwerw gyda chymeriadau amheus iawn yn troi yn ein plith. Dyna pryd y penderfynais mai iach yw croen pob cachgi. Yn dilyn ffrwydrad Clywedog roedd yr heddlu wedi archwilio fy nghartref. Ac er bod pistol ·38 Cayo mewn drôr yn fy stafell wely, wnaethon nhw mo'i ganfod, diolch byth.

Petaen nhw, fe fyddwn i, yn yr hinsawdd oedd ohoni, yn sicr o fod wedi cael carchar. Wedi'r cyfan, chreden nhw fyth y gwir — nad oeddwn i erioed yn fy mywyd wedi tanio gwn go iawn. Doeddwn i ddim am weld rhywbeth tebyg yn digwydd eto.

Roedd gen i ddau reswm arall hefyd dros dorri'r cysylltiad â'r FWA — roeddwn i bellach yn newyddiadurwr proffesiynol na fedrai, yn gyhoeddus, ddangos gogwydd gwleidyddol. Ac yn bwysicach fyth rown i ar fin priodi a doeddwn i ddim am i'm darpar wraig gael ei thynnu i mewn i bethau na wyddai hi ddim byd amdanynt. Yn araf bach, llithrais allan.

Fe fu gwanwyn 1969 yn amser anodd iawn i genedlaetholwyr o bob math yng Nghymru, ac yn arbennig felly yn Aberystwyth. Rhwng heddlu — rhai cudd a rhai amlwg — a newyddiadurwyr, roedd y dre yn llawn i'r ymylon. Gan fy mod, erbyn hynny, yn ohebydd i'r *Cymro* fe gawn fywyd reit fras wrth gyfieithu datganiadau uniaith Gymraeg Cymdeithas yr Iaith ac eraill i bobl y wasg. Dyna'r unig adeg yn fy mywyd i mi gael shampên pinc i frecwast.

Er fy mod i, erbyn hynny, wedi torri pob cysylltiad â Byddin Rhyddid Cymru, roedd fy nghyfeillgarwch â Cayo ac aelodau eraill mor gryf ag erioed. Yn ddigon naturiol, felly, roeddwn i dan wyliadwriaeth yr heddlu tra oedd Carlo yn Aber. Ac os bu'n gyfnod anodd i genedlaetholwyr, fe fu yr un mor anodd i ambell heddwas. Roedd rhai ohonynt, fel Terry Adams a Ken Evans, yn Gymry iawn ac yn hen ffrindiau. Gwn y bu'n rhaid iddynt wneud llawer o ddyletswyddau a oedd yn gwbl groes i'r graen. Rwy'n falch o ddweud ein bod ni'n dal yn ffrindiau.

Yn anffodus, ni ddaeth diwedd yr FWA â diwedd i'r defnydd o *agent provocateurs*. Cefais i ac Elwyn Ioan brofiad hynod ddiddorol ganol y saithdegau. Daeth gŵr a'i galwai ei hun yn Joe Murphy i Aber gyda'i gariad. Mae'n siŵr mai Gwyddel ydoedd, ond disgrifiai ei hun fel Geordie. Ac unwaith cyfaddefodd iddo fod mewn trafferth gyda'r heddlu.

Byddai'n dadlau'n ddi-baid am genedlaetholdeb ac yn ein hannog i losgi tai haf, hynny cyn bod sôn am ymgyrch Meibion Glyndŵr. Un noson cefais ddigon ar ei bregeth gan ddweud wrtho, os oedd e'n teimlo mor gryf ar y mater, am fynd ati ei hun i losgi'r tai gan adael llonydd i ni. O fewn dyddiau, gadawodd Aber ac ni welsom gip ohono na chlywed un dim amdano fyth wedyn.

Cofiaf ddigwyddiad diddorol arall hefyd, adeg *Operation Tân*, pan lusgwyd nifer o genedlaetholwyr i'r ddalfa i'w holi am weithredoedd Meibion Glyndŵr. Cefais wybod, yn gyfrinachol, am y cyrch yn gynnar y bore wedyn, ac euthum ati i ffonio pob newyddiadurwr yr oeddwn yn ei adnabod er mwyn iddyn nhw fod yn ymwybodol o'r hyn oedd yn digwydd. Bu nifer o ffrindiau hefyd yn fy ffonio drwy'r dydd, yn holi am wybodaeth.

Yn hwyr y noson honno galwodd heddwas yn y tŷ, ac ofnais fod fy nhro i wedi dod i gael fy holi. Ond na. Unig sylw'r heddwas, gyda winc, oedd dweud: 'Mae dy ffôn di wedi bod yn fishi heddi, gwd boi.' Ac allan ag ef. Ac roedd hynny'n cadarnhau yr hyn yr oeddwn yn ei amau. Roedd fy ffôn yn cael ei dapio.

Bellach dydw i ddim yn aelod o unrhyw blaid na mudiad gwleidyddol. Fe fu cadw draw rhag ymaelodi â mudiadau fel Cymdeithas yr Iaith ac Adfer yn benderfyniad bwriadol, a hynny gyda sêl bendith rhai o swyddogion y mudiadau hynny. Rhyw deimlo yr oeddwn i — a hwythau — y byddai fy aelodaeth i yn fy ngadael yn agored i gyhuddiadau, gan elynion, o fethu â bod yn ddiduedd wrth adrodd ar weithgareddau mudiadau o'r fath.

Dydw i ddim chwaith yn aelod o Blaid Cymru bellach, er i mi yn y chwedegau fynd allan i ganfasio yng nghwmni ymgeisydd y Blaid yng Ngheredigion, y Doctor Gareth Evans. Rwy'n dal i bleidleisio i'r Blaid, hynny o ran dyletswydd bellach yn hytrach nag o unrhyw argyhoeddiad. Ofnaf fod Plaid Cymru, fel y Blaid Lafur, mewn perygl o geisio bod yn bopeth i bawb y dyddiau hyn. Ac am y cysylltiad Ewropeaidd bondigrybwyll, wel Cymro ydw i yn gyntaf, a Chelt yn ail.

Oes, mae gen i arwyr gwleidyddol — Saunders Lewis a D. J., Trefor Morgan a Trefor Beasley. Ac, wrth gwrs, Emyr Llew. Ac rwy'n dal i drysori cyfeillgarwch hen ffrindiau fel Neil ap Siencyn a Twm Geraint, Elwyn Ioan ac Eirwyn Pontshân, ffrindiau o'r cyfnod hwnnw pan oedd bod yn wleidyddol yn antur a Chymru'n ganolog i bob ymgyrch. Yr uchafbwynt, wrth gwrs, oedd buddugoliaeth Gwynfor yn 1966. Ond dydi pethe ddim mor syml bellach.

Fel ôl-nodyn, dylwn grybwyll digwyddiad diddorol

am Dylan, y mab, pan oedd e'n fychan ac yn yr Ysgol Gynradd. Un dydd fe fu un o'r athrawesau yn sôn wrth y plant am filwyr, gan fynd ymlaen i ofyn a oedd rhai o'u perthnasau nhw wedi bod yn y fyddin. Ymhlith y rhai a gododd eu dwylo roedd Dylan. Nawr, fe wyddai'r athrawes o'r gorau na fûm i ar gyfyl y Lluoedd Arfog, a dyma hi'n dweud wrth Dylan ei bod hi'n amau a fûm i'n filwr erioed.

'O do, Miss,' meddai Dylan. 'Fe fu Dad yn filwr yn yr FWA, a wnaethon nhw ddim colli yr un frwydr erioed.'

A diawch, roedd y crwt yn agos iawn at y gwir . . .

Pennod 11

Rwy wedi byw yn Aberystwyth am ddwy flynedd ar hugain bellach. Ond fel yn ystod dyddiau Coleg, fe fûm ar goll yn llwyr am rai blynyddoedd. Oedd, roedd y pymtheng milltir rhwng Aber a'r Bont mor bell ag erioed. Ac yn ôl i'r pentre y byddai Jên a minnau'n mynd mor aml ag y medrem.

Am ymron ddeunaw mis buom yn byw mewn fflat yn Chalybeate Street cyn i ni brynu tŷ yn Grays Inn Road. Roedd y gwaith gyda'r *Cymro* yn mynd rhagddo yn hwylus, ond rhyw grafu byw oeddem ni gan nad oedd cyflog papur wythnosol, er yn talu yn ôl canllawiau Undeb y Newyddiadurwyr, yn rhyw uchel iawn.

Daeth gwaith o'r tu allan, a bu hynny'n gymorth mawr. Cefais gyfle i weithio'n rhan amser fel 'sub' ar y *Cambrian News*. A diolch i Thomas Davies, cefais slot wythnosol ar *Byd y Bêl*, arferiad sy'n parhau o dan oruchwyliaeth Emyr Wyn Williams. Daeth Gwilym Owen, gŵr y mae gen i barch o'r mwyaf iddo, i'r adwy ar adeg digon anodd gyda chyfle i mi adolygu'r papurau bob tua chwe wythnos. Ac yn ddiweddarach, diolch i T. James Jones, cefais gyfle i gydweithio gydag ef am gyfnod i lunio storïau *Pobol y Cwm*, ynghyd â llunio ambell sgript.

O ran gwaith teledu, cefais y cyfle cyntaf gan Ifor Rees yn ôl tua 1973 wrth fynd ati i lunio a chyflwyno un o sgriptiau *Dilyn Afon*. Daeth slot wedyn ar *Raglen Hywel Gwynfryn*, diolch i Ruth Price. Ac fe fu'r profiad hwnnw yn un gwerthfawr tu hwnt — cyflwyno eitemau byw o flaen cynulleidfa. Wedi hynny, bu gweithio ar raglenni sy'n cael eu recordio yn gymharol hawdd.

Daeth mwy o waith radio — rhaglenni fel *Dros Ben Llestri* ac amrywiol gyfresi o Stiwdio Abertawe, diolch i Geraint Davies.

Ond i Wil Aaron y mae'r diolch i mi fedru byw yn gymharol gysurus ar waith cyfryngol. Ef a'm gwahoddodd i gadeirio *Pwy sy'n Perthyn?* cyfres yr oeddwn i wrth fy modd yn ei llywio. Ac yna, bum mlynedd yn ôl, fe ddaeth *Hel Straeon*.

Am y tro cyntaf erioed roedd y teulu'n medru byw yn gysurus, heb ofidio'n ormodol. Ac os ydych chi'n meddwl 'mod i'n cael pethau'n hawdd, meddyliwch am hyn — rown i'n 45 oed cyn i mi fedru mynd adre gyda chymaint â chanpunt o gyflog yn glir. Hynny'n gorfod bod yn ddigon i dalu am gynnal teulu a chartref. Eto i gyd, roeddwn i'n ffodus iawn o ystyried y miliynau nad oedd ganddynt waith o gwbl.

Llwyddasom i brynu tŷ mwy o faint ar waelod Rhiw Pen-glais wyth mlynedd yn ôl. Mwy o le i Dylan, y mab, a dreuliodd ei blentyndod yn Grays Inn Road heb hyd yn oed ardd i chwarae ynddi. Ac mae gardd Llanberis — ie, dyna enw'r tŷ — a'r myrdd llwybrau ar y bryn uwchlaw yn nefoedd i Jac y ci.

Fe ddaeth Jac i'n bywyd fis Tachwedd 1982 fel rhodd gan fy hen gyfaill Cayo, a'i fab, Rhodri. Bwndel bach cwynfannus mewn bocs cardbord oedd e pan gludwyd ef i Aber gyntaf. Bu'n crio drwy'r noson gyntaf nes i Jên ei godi a'i roi i orffwys yn ein llofft ni. A dyna'r camgymeriad mwyaf a wnaeth. O hynny ymlaen fe hawliodd Jac y llofft bob nos.

Ci Jack Rusell yw Jac, fel y mae ei enw'n awgrymu, ac yn ystod y misoedd cyntaf fe racsai bopeth yn y tŷ — sgidiau a llyfrau — unrhyw beth oedd yn digwydd dwyn ei ffansi. Ond daeth pethe i greisis pan oedd e tua chwe mis oed. Roedd Jên wedi prynu het newydd, gwerth deg punt ar hugain ar gyfer priodas ei brawd. Ar y diwrnod cyn y briodas daeth adre o siopa a gwelodd lwybr o blu glas yn arwain o'r gegin i'r llofft. Dilynodd y llwybr a gwelodd weddillion ei het yng ngheg Jac.

Gwylltiodd Jên ac aeth â Jac ar ei union at y fet i'w sbaddu — Jac, nid y fet. Fe gnodd Jac y fet — pwy allai ei feio? — ond daeth adre heb ran hanfodol o'i anatomi. Fe fu'n wers i mi hefyd. O'r diwrnod hwnnw dydw i ddim hyd yn oed wedi edrych ar un o hetiau Jên.

Mae Jac yn un o gŵn enwocaf Cymru, diolch i tua dwsin o ymddangosiadau ar 'Hel Straeon'. A lle bynnag yr af ledled Cymru bydd pobl yn gofyn am hynt a helynt Jac cyn gofyn 'Sut hwyl?', neu 'Shw ma'i?', wrthyf fi.

Do, fe newidiodd Jac — a Dylan, wrth gwrs — yn eu gwahanol ffyrdd, ein holl fywyd ni. O ran cael plant, roedd y dyfodol yn edrych yn dywyll. Bu farw un plentyn — merch — yn y groth, a bu'n rhaid i Jên ei geni felly gan wybod ei bod hi'n farw. Ie, merch oedd hi, ac fe'i henwyd hi'n Rhian cyn ei chladdu ym Mynwent Ystrad Fflur.

Diwrnod trist oedd hwnnw. Dim ond Jên a minnau, yng nghwmni'r gweinidog a'n priododd, y Parchedig Brian Griffith, a'r ymgymerwr angladdau, yr hen gyfaill

Rolant Arch, oedd yno. Ac er na welsai'r fechan un llygedyn o olau dydd erioed, peth anodd iawn oedd gorfod ei gadael ar ôl.

Pan gollodd Jên blentyn arall — y tro hwn ar ôl bod yn feichiog am ychydig fisoedd — cyngor yr arbenigwyr meddygol oedd y dylem anghofio am gael plant. A dyna a fyddai wedi digwydd oni bai am anogaeth ein meddyg teulu, y Doctor John Hughes. A John Hughes oedd yn iawn.

Ganwyd Dylan yn Ysbyty Bron-glais ar Dachwedd 18fed, 1974. A bu bron iawn i'r stori drist gael ei hailadrodd. Bu'n rhaid ei eni drwy'r dull *Cesarian*, ac ofnid am ei fywyd. Ymhen mis roedd e'n ôl yn yr ysbyty yn dioddef o niwmonia. Dyna'r Nadolig mwyaf unig i Jên a minnau ei dreulio erioed.

Ond i fynd yn ôl at yr enedigaeth. Y cyntaf, heblaw am staff yr ysbyty, i weld Dylan ar ôl ei eni oedd Dewi Pws. Roedd e'n aros gyda ni ar y pryd ac fe ddaeth i fyny i'r ysbyty gyda mi y diwrnod hwnnw. Roedd Jên, wrth gwrs, yn anymwybodol pan anwyd Dylan ac roeddwn innau'r tu allan yn y stafell aros. Ond fe aeth Dewi at y nyrs a dweud mai ef oedd y tad a'i fod am weld ei fab. Ac fe lyncodd y nyrs ei stori.

Bu Dewi yn ymwelydd rheolaidd â'n tŷ ni. Yn wir, daeth yn aelod o'r teulu, bron iawn, a byddai ei ymweliadau yn bywiogi'r aelwyd. Rwy'n falch o gael dweud ein bod ni'n dal yn gyfeillion mawr ac un o'r breintiau mwyaf a ddaeth i'm rhan fu cael gwasanaethu fel gwas priodas iddo pan briodwyd ef a Rhiannon yr haf diwethaf.

Fe fu genedigaeth Dylan yn achos dathlu mawr. Yng

nghwmni pobl fel Dewi, Emyr Huws Jones a Rod Barrar fe aeth y nosau yn foreau. A chan Rod y cafodd Dylan ei roddion cyntaf. O fewn awr i'w eni roedd wedi prynu pêl rygbi iddo, ynghyd â mat ar ffurf neidr i'w osod o dan y drws i gadw'r drafft allan. Ac fe fedyddiodd Rod y neidr yn Adrian.

Myfyriwr yn y Coleg oedd Rod, ac mae e'n un o nifer o fyfyrwyr y deuthum yn ffrindiau â nhw yn ystod eu cyfnod yn Aber. Ni fu criw tebyg i Gymry Cymraeg y saithdegau cynnar — Emyr Wyn a Keith Davies, Robin Evans a Siôn Eirian, Gwyndaf Rowlands a Gwynfor ab Ifor — a llawer mwy.

Daeth cyfnod Myrddin ap Dafydd wedyn, a Guto Eirian, a'r ddau ohonynt yn cyfansoddi cerddi i Dylan. Yn wir, daeth rhai o'r myfyrwyr yn gyfeillion teuluol i ni a defnyddient ein cartref fel ail aelwyd. Yn Eisteddfod Cwm Rhymni teimlwn ryw falchder rhyfeddol wrth weld dau gyfaill o blith y cyn-fyfyrwyr, sef Myrddin ac Iwan Llwyd, yn ennill y Gadair a'r Goron.

Erbyn hyn, fel cyn-fyfyriwr a chyn-gynorthwywr llyfrgell y Coleg, ac fel un sy'n dal i droi yn yr un cylchoedd â myfyrwyr y dre, deuthum i adnabod cenedlaethau ohonynt. Ac mae plant llawer o'r myfyrwyr hynny bellach wedi mynd drwy'r Coleg.

Bob mis Hydref, fel y bydd blwyddyn golegol arall yn cychwyn, byddaf yn gwneud pwynt o daflu rhyw linyn mesur dros y newydd-ddyfodiaid. A medraf broffwydo yn go siŵr pwy fydd yn gwneud yn dda yn academaidd, pwy fydd yn gwneud enw iddynt eu hunain ar y cyfryngau, a phwy fydd yn methu.

Diddorol hefyd yw sylwi ar y newid a ddaw i ran ambell fyfyriwr wedi iddo ef neu hi fynd allan i'r byd mawr. Mae rhai a fu'n groch eu beirniadaeth o'r 'cyfryngis' bondigrybwyll bellach wedi ymuno â nhw. Mae eraill, na wnaeth erioed godi llais dros Gymru a'r Gymraeg, erbyn hyn yn elwa'n helaeth ar gefn yr hen iaith. Medrwn enwi amryw, ond taw piau hi.

Fel un a anwyd yng nghyffiniau'r dref ac a fu mewn cysylltiad agos â'r bywyd colegol am dros ddeng mlynedd ar hugain mae modd i mi fwynhau'r gorau o'r ddau fyd. Aberystwyth, wrth gwrs, yw'r 'Dre' i bobl Pontrhydfendigaid. Yno yr aem gyda'n rhieni tua unwaith y mis ar ddiwrnod siopa. Yno yr aem fel ffrindiau i'r pictiwrs. Ac yno yr aem, yn laslanciau, bob Gŵyl y Banc, i ffansïo merched, i wrando ar recordiau mewn caffis, i ddawnsfeydd yn Neuadd y Brenin ac i dorri'r gyfraith drwy yfed o dan oed.

Ddiwedd y pumdegau, ar y ffordd i fyny ar fws Lloyd Jones neu ar y trên, gofidiem am y posibilrwydd o ddod wyneb yn wyneb â'r *Teddy Boys*. Yng nghaffi'r *Seagull*, sydd heddiw yn Goleg Diwinyddol, sef y Coleg Coffa, y byddem yn crynhoi i wrando ar Elvis ac eraill. Ac yno, yn ddieithriad, y byddai dau neu dri o'r *Teds*. Roedd mynd yno i'w teyrnas yn wrhydri ynddo'i hun, ac yn destun trafod a brolio am wythnosau.

Fe gymerodd flynyddoedd cyn i un o'r *Teds* hynny gyfaddef wrthyf bod arnyn nhw gymaint o'n hofn ni ag roedd arnom ni eu hofn nhw. A dweud y gwir, roedd bechgyn y dre yn llawer mwy goddefgar ohonom ni nag oeddem ni ohonyn nhw. Pan ddeuent hwy i ambell ddawns yn y pentref fe âi mwy nag un adre gyda llygad du neu drwyn fflat. Eu pechod mwyaf, wrth gwrs, fyddai dawnsio gyda merched lleol.

O fewn y gymdeithas Gymraeg yn Aber mae 'na ddwy garfan — y rheiny sy'n mynychu addoldy ac sy'n aelodau o Gymdeithas yr Aelwyd ac yn cael eu henwau byth a hefyd yn y papur bro lleol, a'r rheiny sydd ddim. Mae'r un rhaniad i'w ganfod, mae'n siŵr gen i, ym mhob tref yng Nghymru.

Heb y garfan gyntaf, fe fyddai Aber yn dref llawer tlotach yn gymdeithasol ac yn grefyddol, ond i'r ail garfan y bûm i'n perthyn o'r dechrau. Nid ymffrost rebelaidd yw hynny ond ffaith. Rwy'n un o'r rheiny sydd yn hapusach mewn cymdeithas tafarn na chymdeithas capel. Does dim lle i ragrith mewn tafarn. Mewn ambell gapel, ar y llaw arall, mae rhagrith yn fyw ac yn afiach. Ac er mai lleiafrif bychan iawn ymhlith y mwyafrif mawr dilys yw'r rhagrithwyr hyn, mae hyd yn oed un yn ormod.

Un o dafarndai mwyaf difyr Aber i mi, ar hyd y blynyddoedd, fu'r 'Hen Lew Du', neu'r 'Blac Leion Fach', ar dop Stryd y Bont. Mae i'r 'Blac' draddodiad fel tafarn myfyrwyr ac fel tafarn i bobl y dre. Heb unrhyw amheuaeth, un o dafarnwyr y 'Blac', Llew Evans, yw un o'r bobl mwyaf doniol i mi ei weld erioed y tu ôl i bwmp cwrw. Ef yw'r unig dafarnwr y gwn i amdano a allai gynnal sgwrs a thynnu mesur o wisgi o'r botel ar yr un pryd. Heb unwaith orfod troi ei olygon, byddai'r gwydr gwag yn ei law dde yn canfod ei ffordd i'r optic yn ddi-feth bob tro. Gweithred mor reddfol ag aderyn yn canfod ei nyth.

Ac fel tynnwr coes doedd neb i'w gymharu â Llew.

Fel y noson honno, ychydig cyn y Nadolig, pan ddaeth un o'r mynychwyr, Edith Pierce, i'r bar gyda'i hwyad, ar gyfer y cinio, yn ei bag. Dyma hi'n tynnu'r hwyad allan, hwyad a edrychai'n debycach i sguthan, ac yn gofyn barn Llew:

'*What do you think of my Siberian Duck, Llew?*'

'*Wonderful, Mrs Pierce fach, wonderful,*' medde Llew. '*But it looks to me as if it's walked here all the way from Siberia.*'

Bryd arall wedyn, a'r trafod am wythnosau wedi bod am salwch Franco, arweinydd Sbaen, dyma wraig o Lanbadarn, a oedd wedi cael diferyn yn ormod, yn disgyn o'r sgiw gan ollwng ei gwydr ar y mat. Allan â Llew ar ras o'r tu ôl i'r bar. Pawb yn meddwl ei fod yn bwriadu codi'r wraig. Ond na. Codi'r gwydr, rhag iddo dorri, wnaeth Llew, gan gyhoeddi ar ei ffordd 'nôl i'r bar,

'Bois bach, ma' Franco'n ddyn iach i gymharu â hon.'

Roedd Llew wedi bod yn aelod o'r *Desert Rats*, ac wedi ymladd yng ngogledd Affrica a de'r Eidal, ac fe fyddai'n cyfeirio at Monty — General Montgomery — fel petai'n siarad am y dyn drws nesa. Un diwrnod fe gawsom ganddo'r hanes am y *Desert Rats* yn dychwelyd i Ddociau Lerpwl ar yr *HMS Strathclyde*.

'Pan gyrhaeddon ni, roedd 'na filoedd yn disgwyl amdanon ni,' meddai Llew. 'I lawr â'r *gang-way*, a dyma Monty yn paratoi i ddisgyn o'r llong. Ond cyn iddo fe gâl cyfle, dyma lais Churchill o ymyl y doc yn ei stopo. "*Step aside, Monty,*" medde Churchill, "*and let Gunner Evans through.*" Ond fe synnech chi gymaint o bobl sy' ddim yn credu'r stori fach 'na.'

Deuai rhai o gymeriadau mwya'r dre i'r 'Blac', yn eu plith Wil Pugh y Crydd, Caleb Edwards, Jac y Saer, Gordon Rees a Bryn Davies. Ond y cymeriad mwyaf, heb unrhyw amheuaeth, oedd Dai Morgans, neu Dai Meinyrs, am iddo fod, am gyfnod, yn dafarnwr y *Miners' Arms* ym Mhontrhydygroes.

Pwtyn bach byr oedd Dai. Gwisgai gap stabal bob amser a byddai ei lais soniarus yn treiddio drwy'r dafarn. Fe fu'n adroddwr steddfod a chyngerdd, a'i hoff ddarn fyddai 'Cloch y Llan'. A phan fyddai Llew yn cyhoeddi 'amser' drwy ganu cloch y bar, byddai Dai yn ateb yn ddolefus,

'Glyw di hi'n canu, yr un hen gloch . . ?'

Diléit mawr Dai oedd garddio, ac ymffrostiai'n fawr yn ei gabej. A doedd dim yn plesio Llew yn fwy na chael hyd i gabitshen anferth, a fyddai wedi ennill gwobr mewn rhyw sioe neu'i gilydd, a'i hongian uwchben y bar er mwyn gwylltio Dai.

Fe barhaodd traddodiad difyr a Chymraeg y 'Blac' gyda dyfodiad olynydd Llew, Janice Lane. O dan oruchwyliaeth Jan, roedd hi'n llawer haws mynd i mewn i'r bar nag oedd mynd allan.

Ychydig ar ei hôl hi, daeth Meurig a Mair Evans i gymryd at yr awenau, a mawr fu'r hwyl yn eu cwmni. Ac mae'r hwyl hwnnw'n parhau dan oruchwyliaeth y tafarnwr presennol, Mansel Beechey.

Tafarn arall a ddaeth yn boblogaidd iawn tua diwedd y chwedegau oedd 'Yr Hydd Gwyn' yn Stryd y Farchnad. Y dafarnwraig oedd Mrs Maud Jones, yn wreiddiol o Dregaron. Ac yno'n ei chynorthwyo roedd un o'i merched, Iwana.

Ceid cymysgedd dda yn yr 'Hydd' o bobl y dre, pobl y wlad a myfyrwyr, ac roedd hi'n dafarn Gymraeg yng ngwir ystyr y gair. Yn y bar cefn fe sefydlwyd Cymdeithas y Lolfa Fach gyda'r aelodaeth yn cynnwys Dennis Richards — ffrind Pontshân — a'r Brodyr Griffiths — Trefor, Huwi ac Alun, ynghyd ag Elwyn Ioan, D. J. Bowen o Adran Gymraeg y Coleg, Dai Lewis y pensaer, Dai Griffiths y twrne a Cecil Jones yr optegydd. Roedd gan y tri olaf, ynghyd â Dennis, eu cymdeithas eu hunain o fewn Cymdeithas y Lolfa Fach sef Cymdeithas SOS, neu'r *South of Synod Society*. Hynny yw, cymdeithas i'r rheiny oedd yn hanu o'r De i Synod Inn.

Ceid sesiynau mawr yn yr 'Hydd', sesiynau hwyliog a digon diwylliedig ar brydiau. Ambell noson byddai Gwenallt yn galw i ymuno â ni. Rwy'n cofio, un tro, cael y fraint o wrando arno'n dadansoddi ei gerdd i 'Aberfan'.

Un o gymeriadau mwyaf doniol a gwreiddiol y criw oedd Alun Griffiths, neu Alun y Glo. Tueddai i bendwmpian o bryd i'w gilydd a thra oedd e'n gwneud hynny un noson, fe ddaeth gwraig go fawr i mewn i'r bar yn gwisgo ffrog wen ac arni flodau coch. Dihunodd Alun yn sydyn a gweld y mwdwl blodeuog o'i flaen.

'Jiw, jiw, Mrs Jones,' medde Alun, 'ry'ch chi wedi papuro.'

Unwaith bu criw'r 'Hydd' ar daith i Ddulyn, ac uchafbwynt yr ymweliad oedd cyfarfyddiad yn nhafarn *O'Donohues* rhwng Pontshân a Ronnie Drew, prif ganwr y *Dubliners*. Cafodd Ronnie hwyl fawr yn gwrando ar rai o storïau Pontshân.

Bu'r *Dubliners* yn arwyr mawr i mi o'r cychwyn cyntaf. Cofiaf fy nghael fy hun yn sefyll wrth ochr Luke Kelly yn nhafarn *Mooneys* ar Sgwâr Parnell ac mewn gormod o barchedig ofn i dorri gair â'r 'Cawr Coch', fel y câi ei adnabod.

Aeth dros ugain mlynedd heibio cyn i mi gael y fraint o gyfarfod â'r aelodau, gydag angau erbyn hynny wedi cipio Luke a Ciaron Bourke. Dod wnaethon nhw, yr haf diwethaf, i Ŵyl Werin y Cnapan yn Ffostrasol, gŵyl sy'n wyrth flynyddol. Cefais, yn gyntaf, siario peint neu ddau ag Eamonn Campbell yn Nhafarn Glan-yr-afon yn Nhalgarreg lle'r oedd y band yn lletya. Yna dyma Hefin, y tafarnwr, yn tynnu fy sylw at y ffaith fod Barney McKenna, chwaraewr banjo a mandolin y grŵp, wrthi'n chwilota o gwmpas Y Bwthyn, hen gartre Dewi Emrys ar draws y ffordd. Dyma fynd i mewn ato i'r tŷ, a oedd wedi bod yn wag ers tro, a gofyn a wyddai unrhyw beth am Dewi. Na, ni wyddai ddim. Adroddais, felly, ychydig o hanes y bardd, a Barney wrth ei fodd yn gwrando.

'Nôl â ni i'r dafarn, a Barney yn awr yn adrodd tipyn o hanes Dewi wrth Eamonn, a hwnnw'n synnu at ei wybodaeth.

'Dyna, felly, pam est ti draw i'r tŷ,' meddai Eamonn. 'Am dy fod ti'n gwybod hanes y bardd oedd yn byw yno.'

'Wel nage,' atebodd Barney. 'Fe es i mewn i'r tŷ yn y lle cynta am fy mod i bron bystio o eisie piso.'

Ie, parhaed diwylliant. Ond mae gen i ryw deimlad y buasai Dewi a Barney wedi mwynhau cwmni ei gilydd. Dau enaid hoff, cytûn.

Ond 'nôl at y daith yna i Ddulyn. Yno yn Moore Street, lle cynhelir marchnad awyr agored, y cafodd Dennis, Elwyn Ioan a minnau wers ymarferol gan Pontshân ar y gyfrinach o lyncu wyau. Roedd hwn yn ddigwyddiad bythgofiadwy a allai fod yn olygfa o un o *silent movies* Stan ac Ollie. Cynhaliwyd y cyfan drwy osgo heb i neb yngan yr un gair — Eirwyn yn pwyntio at un o'r wyau ar gert rhyw hen wraig. Yna Dennis yn talu am yr wy ac yn ei drosglwyddo i Eirwyn. Hwnnw wedyn yn cracio'r wy ar shafft y gert ac yn llyncu'r cynnwys. Yna, ar ôl llyncu un wy, dyma'r broses yn cael ei hailadrodd. Ac yn gwylio'r cyfan roedd yr hen wraig fach a'i chyd-stondinwyr llygadrwth.

Caeodd 'Yr Hydd Gwyn' tua chanol y saithdegau ac mae bellach yn Glwb y Llynges. Ychydig flynyddoedd yn ddiweddarach bu farw Iwana ym mlodau ei dyddiau. Mae cloch y dafarn gen i o hyd i'm hatgoffa, petai rhaid, am y dyddiau — a'r nosau — da.

Roedd y cyfnod hwn, wrth gwrs, yn Oes Aur y canu pop Cymraeg. A'r Mecca, heb unrhyw amheuaeth, oedd tafarn y *Skinners*, lle roedd Elfed Evans yn dafarnwr. Yno y deuai unrhyw un oedd yn unrhyw beth yn y byd canu. Peth digon cyffredin fyddai cael noson anffurfiol yng nghwmni sêr y cyfnod — Ryan a Ronnie, Yr Hennessys, Meic Stevens, Hogia'r Wyddfa, Tony ac Aloma, a llu o artistiaid eraill. Ymwelydd cyson arall fyddai Rhydderch Jones.

Ac nid sêr Cymraeg yn unig a ddeuai yno. Cafwyd eitemau gan bobl fel Champion Jack Dupree a John Shines, dau o sêr y *blues*. Deuai Marc Ellington yno, *draft-dodger* o America a oedd yn ganwr gwych. Mae hwnnw bellach yn berchen castell anferth yn yr Alban. Cofiaf hefyd Ralph McTell, Steffan Grossman a Jo-Ann Kelly yn canu yno, yn ogystal â grwpiau gwerin fel y *Spinners* o Lerpwl a'r *Johnsons* o Ddulyn. Yn canu gyda'r *Johnsons* bryd hynny roedd Adrienne Johnson, Mick Moloney a Paul Brady. A syndod mawr i mi yn ddiweddar oedd canfod bod Paul wedi tyfu i fod yn un o sêr amlycaf y byd pop.

Ond yr enw mwyaf i ganu yno oedd Arthur 'Big Boy' Crudup, y canwr *blues* o Mississippi ac awdur dwy o ganeuon cynnar Elvis, '*That's Allright Mamma*' a '*My Baby Left Me*'. Roedd Crudup yn ŵr 66 mlwydd oed erbyn hyn, ac er na wyddem hynny ar y pryd, hon fyddai ei daith olaf cyn ei farwolaeth o drawiad ar y galon yn 1974.

Bu'n sôn am ei fywyd tlawd yn Chicago, lle bu'n cysgu am gyfnod mewn cist bren ar un o'r prif strydoedd. Roedd e'n adnabod Al Capone a John Dillinger a llawer dihiryn arall. Ac er i Elvis werthu miliynau o recordiau o'i ganeuon, ni dderbyniodd yr hen Arthur yr un ddimai. Ond roedd Elvis yn arwr mawr ganddo.

Anghofia i byth mohono'n canu, i gyfeiliant ei gitâr deuddeg tant ym mar y *Skinners*, addasiad o gân a anfarwolwyd gan Bessie Smith, '*Nobody Wants You When You're Down And Out*'. Geiriau Arthur oedd, '*Nobody Wants You When You're Old And Grey*'. Roedd Rhydderch wedi ei gyffwrdd gymaint fel y bu iddo gyfansoddi cerdd o deyrnged iddo yn y man a'r lle.

Pan fyddai sêr go amlwg yn perfformio gyda'r Coleg, fe âi Elfed a minnau i fyny i'r Neuadd Fawr i wrando, ac ar brydiau i gyfarfod â'r artistiaid. Buom yn ddigon ffodus i gyfarfod â'r Kinks a Lindisfarne, Suzie Quatro a Julie Felix, Georgie Fame a Tom Paxton, Screamin Lord Sutch a'r troellwr disgiau John Peel. Ie, Elfed a minnau oedd grwpis hynaf Aberystwyth. Ond fe fyddai'r cyfan yn talu ar ei ganfed gan y medrem, weithiau, berswadio'r artistiaid hyn i ddod 'nôl gyda ni i'r *Skinners* i roi tonc a chân i'r selogion.

Wedi i Elfed adael y *Skinners* fe barhaodd y traddodiad cerddorol yn ddiweddarach pan gedwid y lle gan gymeriad arall, John Purcell. Yn y bar cefn y cynhelid Clwb Canu Gwerin y Coleg, ac âi Emyr Huws Jones a minnau yno'n rheolaidd bob nos Iau. Braint un noson fu cael gwrando ar y canwr gwlad Bill Cliffton, ac yna gwrando arno, dros beint, yn sôn am y modd y derbyniodd ei addysg gerddorol wrth draed yr enwog A. P. Carter, arweinydd y grŵp *The Carter Family* o Virginia. Aelod arall o'r grŵp oedd Maybelle, chwaer-yng-nghyfraith i A.P. a mam-yng-nghyfraith Johnny Cash.

Oedd, roedd y *Skinners* yn dafarn gwbl unigryw. Ac mae Elfed, ers deuddeng mlynedd bellach, yn cadw tafarn y 'Cŵps' ym mhen arall y dref, lle mae'r traddodiad cerddorol yn dal mewn bri.

Dylwn gyfeirio at ddwy dafarn arall a chwaraeodd ran bwysig yn adloniant Bois y Bont — yr *Angel* a'r *Cambrian*. I'r naill yr aem ar ôl pob gêm bêl-droed ar brynhawn Sadwrn, gan gyfarfod yno â chriw pêl-droed Machynlleth. Yn y llall y byddem yn ymgynnull ar fore dydd Sadwrn, cyn gêm bêl-droed. Yno, yn y bar, y byddem wrthi am oriau yn chwarae dartiau. Ond byddai Lloyd Thomas, ein 'Arthur Picton' ni, yn cadw llygad barcud ar aelodau'r tîm rhag iddyn nhw oryfed. Dim ond un o'r chwaraewyr a gâi ganiatâd i yfed pedwar neu bum peint cyn gêm, a Ieuan Evans, neu 'Ifan Defi' fyddai hwnnw. Welais i erioed gefnwr canol gwell nag ef yn y cylchoedd hyn. Yn wir, fe gafodd gyfle i chwarae dros Aberystwyth. Ond gwell ganddo oedd bod yn aelod o Fois y Bont.

Ond fe achosodd Ieuan ofn marwol, bron, imi unwaith. Fe ddaeth 'nôl i'r tŷ gyda mi un nos Sadwrn a dyma fi'n tynnu allan botel o *potheen*, diod anghyfreithlon o Iwerddon a yrrwyd draw i mi gan Frankie Carroll, prif ganwr Band Brendan Shine.

Nawr mae *potheen*, sy'n glir fel jin, yn stwff peryglus. Gallai yfed hanner peint ohono, heb ei wanhau â dŵr, ladd rhywun. Ac fe esboniais hynny wrth Ieu. Pan ddeuthum yn ôl o'r gegin ffrynt â gwydrau, roedd y botel, bron yn wag, wrth wefusau Ieuan. Ac fe'i gwacaodd yno o'm blaen. Rhuthrais i ffonio'r meddyg, dim ond i glywed llais Ieu yn chwerthin yn braf o'r gegin. Roedd e wedi arllwys y *potheen* allan i jwg ac wedi ail-lenwi'r botel â dŵr.

Tafarnwr y *Cambrian* oedd Tom Ellis, un o'r tafarnwyr gorau i dynnu peint erioed. Byddai tynnu coes parhaol rhyngom ni ag ef, yn enwedig pan ddeuai'n amser i Lloyd a minnau geisio cael peint ar ôl yr amser cau, a hynny yng nghysgod rhai o'r lletywyr. Un noson, roedd Tom wedi crefu arnom i gadw draw ar ôl stop tap gan fod ganddo ryw ymwelwyr go bwysig yn galw. Gofalodd gloi'r drysau ar ôl i'r cwsmer olaf adael a chredai ei fod e'n ddiogel. Yna, ychydig cyn hanner nos, dyma Lloyd a minnau'n cerdded i mewn ac yn hawlio peint.

Hyd y dydd heddiw mae Tom yn credu i ni ddringo i mewn drwy ffenest y tŷ bach, ond gallaf bellach ddatgelu'r gwir wrtho. Yr hyn wnaethom ni oedd cuddio y tu ôl i'r bar bach, lle'r oedd Sylvia Rushton yn gweithio. Yna, pan oedd yr amser yn addas, allan â ni i'r lolfa, lle'r oedd Tom yn cynnal noson i'w ffrindiau. Cafodd sioc ei fywyd. A do, fe gawsom ni beint hwyr.

Fe fu presenoldeb Lloyd a'i wraig, Gwenda, yn Aberystwyth yn gymorth mawr i ni ymsefydlu yn y dre. Yn y Bont roedd ein calonnau ni o hyd, ond roedd cael bod yng nghwmni pobl o'r un ardal yn help i godi'r hiraeth.

Aethom gyda'n gilydd unwaith i Baris, Lloyd wrth y llyw, fi yn eistedd gydag e yn y tu blaen a'n gwragedd, Gwenda a Jên, yn crynu yn y cefn. Mae gan yrwyr Paris yr enw o fod yn gwbl anghyfrifol. Ond fe ddysgodd Lloyd lawer iddyn nhw yn ystod ein hymweliad. Er gwaethaf hynny, fe fyddwn yn fodlon rhoi fy mywyd yn nwylo Lloyd. Un felly ydi e. Ac mae ei fab ef a Gwenda, Cadwgan, yn mynd i fod lawn cymaint o gymeriad â'i dad.

Un arall a hwylusodd gwrs bywyd i mi oedd Arthur Williams, y newyddiadurwr a'm holynodd yn y *Cambrian News.* O'r dechrau daeth Arthur a minnau yn ffrindiau pennaf a byddem allan gyda'n gilydd bron bob nos.

Am dros ugain mlynedd bu'r ddau ohonom yn cyd-grwydro Aber gyda'r nos. Yna, flwyddyn yn ol, bu farw'i fam ac aeth yn ôl i fyw i'r hen gartref yng Nghaerfyrddin gan gymryd swydd gyda'r *Amanford Guardian.* Gadawodd fwlch mawr ar ei ôl yn Aber, bwlch nas llanwyd ac rwy'n gweld colli ei gwmni yn fawr iawn.

Yma yn Aber mae bywyd yn braf ar hyn o bryd. Am ba hyd y pery'r dyddiau da sy'n beth arall. Bywyd digon bregus, o ran sicrwydd, yw bywyd y cyfryngau. Ond hyd yn oed petawn yn colli fy ngwaith fory nesaf, ni fyddai gen i achos i gwyno. Bu bywyd yn hynod garedig wrthyf.

Newidiodd *Hel Straeon* fy mywyd yn llwyr. Galluogodd fi i ymweld â mannau yng Nghymru na fuaswn ar eu cyfyl cyn hynny. A mannau y tu allan i Gymru na wneuthum erioed ond breuddwydio amdanynt.

Cefais gyfle i ymweld â Helsinki a Galway, Efrog Newydd a Pharis, Dulyn a New Jersey, Boston a Roscoff, Gogledd Carolina a dwsinau o fannau eraill ar draws y byd.

Profiad rhyfedd fu ymweld â Gogledd Carolina. Mynd i Morehead City, yn benodol, gyda dau Gardi arall — a dau Gardi moel arall — John Nantllwyd a Charles Arch i Ŵyl Pennau Moel America. Ie, Morehead, fel mae'r enw'n awgrymu, yw prifddinas moelion y byd. Lletyem mewn motel ar Atlantic Beach, ac o'm gwely medrwn weld hen Loer Carolina, y bu Connie Francis yn canu amdani dros ddeng mlynedd ar hugain yn gynharach.

Wrth gwrs, fe wireddodd y teithiau tramor hyn fy hunllef fwyaf — hedfan. Cyn hynny nid oeddwn wedi hedfan ond mewn hofrennydd ac awyren fach naw sedd, a hynny mewn arswyd llwyr. Ddwywaith gwnes esgusodion rhag gorfod hedfan i Baris. Ac yna, ym mis

Chwefror 1990, daeth cyfle i fynd i Helsinki ac ymlaen i dref Savonlinna i'r bencampwriaeth cerfio rhew. Fe fagais ddigon o blwc i fodloni mynd, ond fel y nesâi'r diwrnod awn i banic. Yn wir, fe achosodd y gofid imi, am y tro cyntaf erioed, gael wlser ar fy stumog. Roeddwn mewn cymaint o fraw fel imi hyd yn oed ystyried taflu fy hun i lawr y grisiau er mwyn torri 'nghoes neu 'mraich. Fe geisiais dorri asgwrn yn fy nhroed drwy ei tharo â morthwyl. Ystyriais yr ystryw o ddweud fod gen i boen yn fy mrest. Ond rhyfyg fuasai hynny.

O'r diwedd, gwawriodd y dydd a theithiais gydag un o'm cyd-weithwyr, Meifis Griffiths, i Heath Row i ddal yr awyren. Roeddem i ddal trên am Reading o Borth Talbot, ac roedd Meifis yn hwyr yn cyrraedd. Cododd fy nghalon am ennyd. Ond na, doedd dim dianc. Roedd y trên hefyd ar ôl. Doedd dim troi 'nôl. A wir i chi, ar ôl eistedd yn yr awyren, fe giliodd pob ofn — nes daeth hi'n bryd hedfan yn ôl.

Ac fe gefais yr un ofnau wrth wynebu taith i New Jersey fis Medi yr un flwyddyn. Hynny yw, nes imi unwaith eto eistedd yn yr awyren. Ac rwy'n gwbl sicr na wnaiff yr ofn fyth gilio'n llwyr, er fy mod, erbyn hyn, yn dechrau mwynhau'r hedfan. Meddwl am y profiad ymlaen llaw yw'r hunllef.

Fel y profiad o hedfan, bu hanner canrif gyntaf fy mywyd yn gymysgedd o bryder a phleser, ond llawer mwy o bleser nag o bryder, mwy o'r llon na'r lleddf.

Bydd Ems — Emyr Huws Jones — a minnau yn aml yn cael hwyl wrth ddychmygu prif fwrdd, neu *top table* y nefoedd, ac yn dewis pwy gaiff eistedd o'i gwmpas.

Ein teuluoedd a chyfeillion, wrth gwrs. A chytunwn y bydd Elvis a Tommy Cooper, Stan ac Ollie, D. J. Williams a Waldo, Dewi Emrys a David Lloyd, a dwsinau o arwyr sydd wedi rhoi pleser di-ben draw i ni, yno hefyd. Disgwyliwn y caiff Wil Sam a Bob Dylan, y *Dubliners* a Dewi Pws, a llawer mwy eu lle yno. O, ie — ac Ems a minnau, ynghyd â Jac y ci a Morfudd, cath Ems. Ond ddim am sbel fach eto, gobeithio.

Mae Jên, Dylan, Jac a minnau wrth ein bodd yn Aber, a wna i ddim symud oddi yma bellach. Wel, ddim nes imi ymddeol, beth bynnag. Wedyn, pwy a ŵyr. Hwyrach y gwna i ystyried symud 'nôl i'r wlad. Ddim i Bontrhydfendigaid chwaith. Mae gormod o bethau wedi mynd ar goll yno, a dieithriaid yn byw yng nghartrefi llawer o'r hen gymeriadau. Clywir mwy a mwy o acenion dieithr ar y strydoedd. Ac mae glaswellt ar lwybr Bryngors . . .

'Mam! Mam! Dewch gloi! Mam . . .'

'Be' sy'n bod, bach?'

'Yr hen wrach. 'Drychwch, Mam, ma' hi wedi dwgid y lleuad. 'Drychwch, ma' hi wedi dal y lleuad yn 'i llaw.'

'Na, na bach. Gweld y lleuad y tu ôl i hen dderwen Ca' Marged wyt ti, dyna i gyd. Cer 'nôl i gysgu. Do's 'na ddim gwrach. Cer i gysgu, nawr.'

Dyw'r lleuad ddim yn llaw'r wrach heno. Na, mae hi'n

hwylio'n rhydd ar draws yr awyr. Dyw derwen Cae Marged ddim yno chwaith. Ond mae 'na wrach. O, oes, mae 'na wrach. Hi ddaeth â'r sarff i'r Cae Ffynnon. Arni hi mae'r bai fod Marged yn y fynwent a Tom ac Annie wedi symud i'r pentre. Hi wnaeth ysu'r Lilis Gwynion. Hi ddymchwelodd furiau Bryngors. A hi dorrodd yr hen dderwen i wneud lle i'r carafanau ar Gae Marged.

Ac mae hi allan yno nawr yn fy ngwatwar i.

Ond mae 'na ffordd i'w threchu hi. O, oes. Os caea i fy llygaid yn dynn, dynn a gwasgu 'nwylo dros fy nghlustie fe fydda i'n iawn. Wedyn fe fedra i weld Marged unwaith eto'n tendio'r lilis gwynion. Rwy'n medru 'i gweld hi nawr yn pwyso ar ei ffon. Ac mae Annie wrthi'n pwmpio gyda'i holl egni tra mae'r ieir yn clwcian yn brysur rhwng ei thraed. Mae'r fuwch wen yn pori'n ddiog yn y Cae Ffynnon ddi-sarff gan chwipio'r pryfed o'i chefn llydan yn ddidaro â'i chynffon. Ac mae'r ceirch yn gwthio'i fysedd gwyrdd drwy gramen Cae'r Dderwen.

Ac ar draws y gors, ar banorama niwl y bore ym mhen Cwm Bach, fe fedra i weld dau fachgen pen-golau. Mae un yn dal a main, a'r llall yn un bychan, pwt. Mae'r naill yn camu'n fras a hyderus, a'r llall yn trotian yn fân ac yn fuan wrth geisio dilyn.

Dacw nhw'n dringo deri'r Coed Bach, y naill fel wiwer fry yn y brigau uchaf ac yn siglo yn y gwynt, a'r llall yn crynu gan ofn ddwylath o'r llawr.

A nawr maen nhw'n herio ci Ty'n Coed, un yn hisian rhegfeydd yn nannedd y Mot cynddeiriog, a'r llall yn bloeddio bygythiadau dewr o'r tu ôl i ddiogelwch y clawdd.

A medraf, fe fedra i glywed eu chwerthin yn chwalu drwy'r awyr fel petalau arian, mân.

Ond mae'n rhaid i fi gofio cau fy llygaid yn dynn, dynn, a gwasgu 'nwylo dros fy nghlustiau. Os na wna i hynny, fe ddaw llais y wrach i 'ngwatwar i unwaith eto, i 'nhemtio i godi o'r gwely ac edrych allan. Ac os gwna i hynny fe welaf olau ffenestri'r carafanau yn pefrio fel llygaid seirff ar Gae Marged. A dydw i ddim am weld hynny . . . Ddim hynny . . .

'Mam! Mam! Dewch gloi! . . . Ma-a-a-m . . .'